JN436988

짱~ 병선의

짱~ 병선의

장병선 세 번째 수필집

신아출판사

책머리에

세월이 빠르다.

좋은 글 쓰겠다고 벼르던 시절이 엊그제 같은데 20여 년이 지났다. 그간 모아둔 작은 글들을 모아 세 번째 작품을 엮어 보기로 했다.

뛰어난 재주도 없고 글에 대한 깊은 연구도 없이 써 보겠다는 열정 하나로 지냈으나 이제는 나이가 들어 정신마저 가끔 바람에 나부끼어 세월이 더 가기 전에 용기를 내어 수필집을 내게 되었다.

한 해가 지나면 수많은 창작물이 홍수처럼 쏟아져 나온다. 내 수필집은 어디에 묻혀 있는지조차 모를 수도 있다. 그러나 내 글이 한여름 온몸으로 소낙비를 맞으며 자라나, 이제 가을 하늘이 보이는 산모퉁이를 붉게 단장한 고추열매라고 여기고 싶었다.

어느 날 우연히 책상 모퉁이에 잠자고 있는 앨범을 보게 되었다. 젊은 날, 멋진 모습으로 함께 여행 다녔던 친구들의 모습과 함께 모여 웃고 있는 가족들의 얼굴이 반가웠다. 나로서는 소중한 자산인데 세월이 조금 지나면 사진들이 슬그머니 바람과 함께 사라질 것 같았다. 그래서 이번 수필 내용과 일치하지 않지만 추억의 사진을 몇 장 넣기로 했다.

또 만경강 언덕을 벗 삼아 시詩라고 써 보았던 작품 몇 점도 넣었다. 내 수필집이 베스트셀러가 되지 말라는 법도 없기에 내 주변의 멀어져가는 것들을 소중히 여겨 수록하는 것을 나 자신이 수용하기로 했다.

내 작은 인생에 도움을 주었던 많은 분들께 이 책을 나눠주며 환하게 웃고 싶다.

2013. 9. 10. 전주 여의동에서

文堂 장병선

차례

겨울 – 초록

그리고 다시 봄 – 파랑

만경강 – 보라

봄-빨강

1인 3역

붉은 해가 서산마루에 걸려있는 오후 5시가 되면 나는 어린이집으로 달려가 초인종을 누른다. 귀염둥이 네 살짜리 손자를 우리 집으로 데리고 와서 잠을 재우고 다음날 9시에 다시 어린이집에 보낸다. 아들 내외는 맞벌이 부부로 시간이 엇갈려 내가 자원하여 손자 보기를 시작했다. 처음에는 꼬마 재롱이 무척 반가웠으나 두어 달이 지나자 조금 힘이 든다. 응석을 부려 동네 마트에 가면 입에 단 아이스크림만 찾고 인스턴트식품을 고른다. 인공식품만 먹다 보면 키가 자라지 않을까봐 은근히 걱정된다. 꼬마 녀석은 다른 놀이에는 별로 흥미가 없다. 스마트폰과 인터넷 오락 게임을 시작했다 하면 푹 빠져 잔잔한 이야기는 귀담아 듣지 않는 것 같다. 장난감놀이를 하자고 달래보거나 호통(?)을 쳐봐도 눈만 한번 힐끗 맞춰보고 고사리 같은 손은 자판기만 계속 두드린다. 그래서 조부모 아래서 귀여움만 독차지하며 자란 아이는 나중에 성격형성에 안 좋은 영향을 준다고 했던 것 같다.

어떤 할머니는 손자 보는 일이 힘들어서 꾀를 냈단다. 며느리 보는 앞에서 할머니 수저로 호호 불어 아기 밥을 먹여 봐도 소용이 없자, 비상수단을 썼다나? 손자에게 영어를 가르쳐 준다고 "디스 이스 도라꾸"라고 했더니 며느리는 '영어 발음에 문제가 있겠구나.' 하고 얼른 데려갔단다. 그래서 손자가 손님으로 오는 날은 반갑고 가는 날은 더 반갑다고 했나 보다. 그래! 내리사랑이라고 했던가? 내가 지난날 받은 부모님의 사랑을 손자에게 다시 되돌려주는 순환열차를 타고 달리는 것 같다.

두 번째 일은 가사라는 직업이다. 아내는 몸이 불편하여 혼자 거동이 힘들다. 아내가 젊었을 때부터 당뇨로 고생하다가 회갑이 지나자 당 수치가 300까지 올라가더니 합병증세가 나타나기 시작했다. 눈과 신장이 나빠졌다는 진단이 내려졌다. 충주에 있는 당뇨 요양원에 입원하여 두 달 가까이 병원생활을 할 때 보호자로 곁에서 지켜봤다. 조금 나아져 이제는 집에서 치료한다. 한 달에 한 번씩 병원에서 검진을 받고 처방을 받아 약을 복용하면서 지낸다. 아내는 젊었을 때 전국 어느 곳이든 혼자서도 여행을 잘 다녔고, 친구들 모임에서는 앞장서서 수다를 잘 떨어서인지 친구 사이에 신망이 두터웠었는데 말이다.

요즘 가정 살림은 부부의 영역이 따로 없다. 그러나 아내가 몸이 불편하여 집안일을 주로 내가 해보니 자잘한 일들이 너무 많았다. 밥을 짓고 설거지하기는 단순하다. 그러나 매일 찬거리 준비하고 세탁에 집안청소와 분리수거를 자주 해보니 한 사람의 일거리로 충분하다. 그래서 아내의 가사일도 요즘은 전업주부라는 분야의 직업으로 인정해 주는 것 같다. 부엌살림 경험이 적은 남자가 식사 준비를 하다 보니 실수가 잦다. 하루는 쌀뜨물에 영양분이 많이 들어 있을 것 같아 그냥 버리기가 아까워 모았다가 화분에 주었다. 그런데 쌀뜨물을 준 화분은 일주일이 지나자 이파리가 오히려 말라비틀어지는 것이 아닌가. 나는 깜짝 놀라서 아내한테 말 한마디도 못하고 그 다음부터는 하수구에 버렸다. 또 찌개나 국을 끓일 때 익은 걸 확인하기 위해 국자에 조금 떠서 엉거주춤한 자세로 맛을 보다가 입천장이 하얗게 되어 울상을 짓는 일도 있었다. 두 식구만 주로 밥을 먹다 보니 밥통의 밥이 남는 경우가 많았다. 몹시 아까웠다. 처리방법을 알아냈다. 프라이팬에 식용유 한 방울 먼저 떨어뜨리고 남은 밥에 설탕을 조금 뿌려서 가스 불을 약하게 하고 국자로 꾹꾹 눌러 누룽지를 만들었다. 누르스름한 깜밥은 맛이 고소해서 간식거리로 제격이다.

나의 세 번째 일과는 일자리 참여다. 지금까지 40년간 직장 생활을 했지만, 이제는 내 경험을 살려 사회에 작은 봉사를 하고 있다. 일자리를 찾던 중 문화재해설사가 있었다. 작은 보수지만 퇴직 공무원들이 대부분 나와 비슷한 생각을 가져서인지 경쟁이 치열했다. 다행히 나는 3년째 전주 덕진공원 문화재해설사로 선발되었

다. 찾아오는 손님에게 공원의 역사와 현황을 설명해주면서 작은 보람을 느꼈다. 일주일에 한두 번 공원에 나가 해설도 하고 함께 일하는 동료 생활담을 들으며 인생 3막의 또 다른 지혜를 배운다.

한 나라의 문화 수준은 조상으로부터 물려받은 문화재를 어떻게 효율적으로 관리하느냐에 따라 선진국의 이미지가 결정되기도 한다. 우리나라도 지역마다 보존하고 있는 문화재가 많다, 전주도 조선을 건국한 태조 이성계의 본향으로 경기전, 오목대, 조경단, 한옥마을 등 많은 문화재가 있다. 문화재 관리를 모두 정부의 힘으로 하기는 한도가 있다. 가까이 있는 시민이 좀 더 관심을 갖고 보살피는 일이 국가의 위상을 높이는 일이다. 요즘 덕진공원을 세계적인 '전통 공원'으로 만든다고 지역인사들이 서두르고 있으니 기대를 해도 좋을 것 같다. 나도 덕진공원 명소화 사업의 회원으로 참여하여 가끔 의견을 내고 열띤 토론회에 참여하고 있다.

1인 3역의 생활이 얼마 동안 계속될지는 모른다. 토요일과 일요일은 손자도 자기 아빠와 엄마를 만나 즐거워하지만 나도 손자로부터 해방된 느낌이다. 나이가 더 들면 힘이 부쳐 손자보기도 어려울 것이다. 그러나 오늘이 나에게는 가장 젊은 날이라고 생각하면서 살아가련다. 아마 아내도 차츰 기력을 회복해 갈 것이다. 문화재해설사 일도 '온고을문화재지킴이'로서 발전되어 영역을 넓혀갈 것 같다.

우리가 즐겨 먹는 음식 중 추어탕이 있다. 추어탕의 재료인 미꾸라지를 캐나다나 중국에서 수입해온다. 그런데 싱싱한 미꾸라지를 먼 거리에서 장시간 운반하려면 천적인 메기를 한두 마리를 미꾸라지 통 속에 같이 넣어서 운반한다고 했다. 그래야 미꾸라지가 메기에 잡히지 않으려고 열심히 도망쳐 살아남아 음식점 수족관까지 배달된다는 것이다. 우리네 일상도 마찬가지가 아닐까? 바쁜 꿀벌은 슬퍼할 틈이 없듯이 말이다.

직장 퇴직 후 연금 받으며 편안한 생활만 계속한다면 지루하여 나태해질 것 같다. 그래서 삶에 새로운 채찍질이 필요하다. 1인 3역은 내가 미꾸라지같이 싱싱하게 살아있다는 증명서다. 단조로운 삶에 때로는 적당한 긴장감이 필요하다. 또 다른 일이 더 찾아와 설령 1인 5역이 된다 해도 정면으로 받아들이는 즐거운 도전이 필요할 것 같다.

30년 후 덕진공원의 모습

후백제의 견훤왕이 건지산 하늘공원에 나타나 덕진 연못을 바라보며 젊은이에게 큰소리로 호령한다. "북쪽에서 적들이 쳐들어오니 제방의 수문을 열어라."라고 외치는 것 같다. 덕진연못은 풍수지리에 의해 제방을 쌓기 전 후백제 때 전주 방어를 목적으로 세워졌다고 알려졌다. 서기 901년 후백제 궁터를 전주 동고산성에 정하고 전주를 방어하기 위해 만들어졌다고 한다. 건지산 명소화 시민모임에서 역사적 자료를 찾아내서 얼마 전에 건지산 중턱에 견훤대왕 동상 제막식을 성대히 가졌다. 하늘 공원 주변에는 견훤왕을 상징하는 원추리와 견훤의 아버지 아자개가 좋아했다는 산머루를 심어 화해의 공원을 만들어 놓고 이곳 전주가 후백제의 도읍지였다는 상징성을 부각하였다. 한국적인 도시 전주는 덕진공원을 한옥마을과 연계된 관광자원으로 개발하였다. 연꽃이 화사한 초여름 공원을 걷고 있는 중년 부부는 인파에 묻혀 하나의 점에 불과했다.

유네스코에서 음식창의도시로 지정된 전주는 비빔밥과 막걸리가 먹을거리의 대명사다. 얼마 전까지만 해도 가격과 품질에 대해서 말들이 많았지만 이제는 연구가 정착되어 영양가를 인정받았다. 맛도 재대로 평가받아 음식 하면 전라도의 비빔밥과 한식이 보양식으로 으뜸이고, 모주(막걸리) 한 잔 마시면 흥이 천 리를 넘나든다.

전주덕진공원의 연못수질은 얼마 전까지만 해도 말이 많았다. 그간 무분별한 도시개발로 자연수가 유입이 되질 못해 수질이 정체되었다. 천 년의 물길 찾기 끝에 조경단과 동물원의 주차장 부근에 저류지를 조성했다. 비가 오면 저류지에 집수되어 자연스럽게 공원에 유입된다. 인근 고산천과 삼례천에서 유유히 흐르는 맑은 물이 사계절 내내 흘러들어와 물속에서 놀고 있는 물고기가 유난히 크게 보인다. 이제는 공원에 소나무가 울창하여 주변 동물들이 보금자리로 아시아에서 손꼽히는 전통정원이 되었다. 물고기는 깨끗하게 흐르는 물속에서 먹이 찾기가 어려웠나 보다. 관광객이 던져주는 과자를 받아 먹다 보니 잉어는 야구선수 팔뚝만 하게 자랐다. 이제 물고기들은 물속이 훤히 들여다보여 백로와 오리 떼에 쫓기는 신세가 되었다. 다행히 커다란 연잎이 우산이 되어 곳곳에 버티고 있어 물고기들은 몸을 숨기기 좋다.

얼마 전 연못을 휘젓는 원앙새의 모습에 논병아리들은 엄마로

착각했는지 따라다니며 색동저고리 목도리를 부러워하고 있다. 뾰쪽한 침을 가진 빠가사리와 방패막자라는 누가 힘이 센지 겨룰 태세다.

수질 오염의 주범이었던 커다란 보트는 사라진 지 오래다. 이제는 연못 위에는 노를 젓는 작은 보트만 있다. 보트를 타고 있는 젊은 남녀가 노를 저으며 송사리 떼가 지켜보고 있는데도 두 사람이 눈동자를 맞추며 얼굴 간지러운 밀어를 나누고 있다. 물고기들은 물방울을 보글보글 쏘아 올리며 두 사람의 행복한 언약이 이뤄지기를 기원하는 것 같다.

공원 옆에는 3개 마을이 있다. 중년 부부는 마을을 돌아보고 있다. 연하마을에는 연지관이 있다. 연뿌리와 연밥을 이용한 음식들이 풍부하다. 연근은 비타민과 미네랄이 많아 건강식품으로 일 년 내내 인기가 높다. 특히 7월과 11월의 연축제와 더불어 단옷날 행사에는 파트너로 참여하고 있어 연간 매출액이 20억이 넘는 부자마을이 되었다. 대지마을에는 족보 박물관이 설치되어 있다. 전주를 본本으로 하는 족보마을이다. 전주 이씨, 전주 유씨, 전주 최씨 등 전주를 기반으로 씨족들의 박물관이다. 복숭아 축제가 열리는 때쯤에는 후손들이 전주를 찾아와 자기들의 2세가 우리나라의 큰 인물로 되게 해달라고 기원하는 행사가 열린다. 덕암마을의 문학공원에는 전주 출신 작가 최명희의 혼불전시관이 있다. 소설 속 일제 강점기 시대 전주 다가동의 모습과 만주 봉천의 모습을 재현하여 역사 속으로 들어가 볼 수 있다. 인근의 조경단은 조선을 건국한 이성계의 선조인 이한을 모신 곳이다. 주변을 성역화하여 대한제국 황실이 세워졌다. 조선 26대 고종왕이 직접 쓴 조경단과 오목대 비문의 친필을 이곳 덕암마을로 옮겨놓고 대한제국황실을 만들어 놓았다. 고종황제 시절의 귀중한 역사자료와 왕실에서 사용하던 유품을 비치하여 학생들의 수학여행의 필수코스가 되었다.

효녀 심청을 연상하는 연꽃 향기가 넘치는 요즘, 덕진공원을 찾는 관광객은 평일에는 5만 명이고 주말에는 10만 명이 넘는다. 600여 년 전 서거정의 〈사계집〉에서 덕진연에 대해서 예견하는 시詩를 썼다. '오풍십우五風十雨가 나온다. 덕진 연못에 살고 있는 용이 바람을 5일에 한 번씩 일으키고, 10일에 한 번씩 비를 내려 풍년을 오게 한다고 했다. 지금도 매년 4월 초파일이면 복원된

용궁각에서 용왕제를 지낸다. 용궁각 주변 무넘이다리 옆에는 물레방아가 돌아가고 있다. 데이트 족이 물레방아에 들어가 손목을 잡으면 짝이 이뤄진다는 전설이 내려오고 있다. 세상은 정보사회를 거쳐 이제는 관광산업의 시대로 변했다. 덕진공원의 '전통정원'이 아시아에서 제일가는 연못이 되어 관광객이 많이 찾아 올 것을 서거정 문인은 오래전에 어떻게 예견했는지 감탄할 일이다.

조선 후기인 1789년 정조 때 '호구총수'에 의하면 전주가 서울, 평양 다음 3번째 도시였으며 인구로는 전국 5번째 큰 도시였다. 전라도 감영이 있었던 전주가 이제는 덕진공원 주변이 전주시민과 관심 있는 분들의 노력으로 별천지가 되었다. 전주는 한국의 탄소산업과 영화산업의 메카가 되어 250만 인구가 모여 사는 서울 부산 다음의 큰 직할도시가 되어 시민 모두가 자부심을 가지며 살맛나는 한국의 일등도시가 될 것이다. 나들이 나섰던 중년 부부는 물레방아를 돌고 나오면서 전주의 달라진 모습에 두 눈이 휘둥그렇다.

영화 <7번방의 선물>을 보고

흉악범들이 모인 교도소 7번방에 지적장애인이 한 명 더 들어왔다. 일곱 살 정도 지능의 딸바보는 교도소 내에서 다른 방과의 주도권 다툼에서 육탄으로 방어하여 공을 세운다. 그 보답으로 장애인은 딸을 보고파 한다. 외부인 절대 출입금지 구역인 교도소에 딸 '예승'이를 반입하는 스릴 있는 영화다.

우리 사회에서 소외받고 있는 장애인의 삶에 대한 이야기다. 장애인 아빠는 오로지 어린 딸과 오붓한 정으로 세상을 살아간다. 지적장애인 아버지는 환경미화원을 천직으로 알고 일터로 나선다. 추운 겨울날 길거리에서 낙상하여 사망한 소녀의 죽음에 대해 어정쩡한 행동을 하여 결국 죄인으로 몰렸다. 감옥에서 주인공은 동료들과의 에피소드로 씁쓸한 웃음을 준다. 장애인이 진범이 아니라는 확신을 가진 7번방의 식구들은 그의 누명을 벗기려고 애를 쓴다.

하얀 눈송이가 오히려 포근하게 느껴지는 날, 영화를 보고 나는 우리 가족을 다시 한 번 생각해 봤다. 행복은 먼 곳에서 손짓하는 예쁜 무지개가 아니다. 아주 가까이 내 코앞에서 다소곳이 나를 바라본다. 가족 간의 평범한 생활이 행복의 시작이다. 자녀와 부모는 영겁의 인연으로 만나서 아침이면 눈 비비고 일어나 세수한 뒤 식사 하고 학교나 일터로 나가 하루를 보낸다. 저녁에 다시 만나 하루 일과를 이야기하며 웃음을 나눌 수 있는 평범한 가정이 행복의 시작이다. 가화만사성家和萬事成이라고 했던가? 가정의 화평은 모든 일에 연관되어 잘 풀리기도 한다. 행복한 가정에 어려운 일이 잠시 찾아온다 해도 가족 간의 행복의 빛에 반사되어 어려움은 멀리 달아나고 만다.

그러나 가족 간의 평범한 일상 자체가 행복이라는 평범한 진리를 평소에는 잘 모르고 지낸다. 가족 간의 만남이 어느 사건으로 단절된다면 그때서야 내 식구의 소중함을 알고 다시 만남을 위해 고난과 번민의 고통을 느끼며 불행이 시작된다.

≪논어≫에서 “자녀는 부모의 허물을 덮고, 부모는 자녀 자랑을 하지 않는다.”라고 했다. 날 낳아 애쓰며 길러 주신 부모가 비록 양羊을 훔쳤다 해도 관가에 고발하는 일은 옳지 않은 일이라고 했다. 요즘 부모는 자녀 자랑을 지나치게 하여 듣는 사람이 이맛살을 찌푸리게 하는 팔불출도 더러 있다.

나는 어떤가? 지금과 같은 평범한 가족생활이 행복의 기본이라고 이제라도 절실히 느껴야겠다. 오늘 저녁 집에 도착하면 가족 간에 웃으며 즐거움을 표시하련다. 가끔 "나는 행복합니다"라는 유행가 가사처럼 노래라도 하고 싶다. 3남매가 잘 자라 모두 결혼해서 독립하여 각자의 생활을 열심히 하고 있으니 이 또한 행복한 일이 아닌가? 건강이 좋은 편은 아니지만 외출했다가 집에 들어오면 따뜻하게 맞이해주는 아내가 있다. 밝게 생활해야 아내의 건강이 오늘보다 내일 더 좋아질 것이다.

선진국의 문화 척도는 장애인에 대한 편견과 무전유죄라는 의식이 사라지고 서로 공동체 의식을 갖는 데 있다고 본다. 말이 아닌 실천이 절대적으로 필요하다.

샤갈이 보낸 꽃다발

월출산으로 유명한 작은 도시 영암에 프랑스의 화가 샤갈이 왔단다. 그를 만나고 싶어 친구와 승용차로 달려갔다. 멀리 보이는 월출산에는 잔설이 뽀얗게 남았지만 오늘 따라 날씨는 포근했다. 시골마을 예쁘게 생긴 미술관에 들어서자 월출산 사계의 스크린이 우리를 반겼다. 시냇물이 시원스럽게 흐르는 여름 풍경이, 금방 화려한 단풍의 가을로 변했다가 하얀 눈이 오는 겨울인가 싶으면, 어느 사이 따사한 봄빛이 내리는 월출산으로 화면이 바뀐다. 우리 인생도 엊그제 여름인가 했는데 어느 사이에 초겨울이 된 듯싶어 빠르게 흐르는 세월에 가끔 아쉬움이 남는다.

미술관에 전시한 작품은 국내외의 유명작가 작품이 2,700여 점이라고 했다. 남도 사투리가 구수한 문화관광해설사의 설명이 시작된다. 남도에는 유적지가 많다. 영암에는 통일신라시대 때부터

유약을 바르는 도기를 생산한 가마터가 있었다. 일본 아스카[飛鳥] 문화에 크게 공헌한 왕인 박사가 1600여 년 전에 영암 상대포의 뱃길을 따라 일본에 갔었다. 당시 왕인 박사는 ≪천자문≫과 ≪논어≫를 가지고 갔었다고 한다. 그래서 영암은 왕인 박사의 유적지가 있다. 근대에 우리는 일본에게 일제강점기 시련을 겪었지만 일본 오사카 출생인 예술인 하정웅河正雄은 영암 월출산 도갑사와 조선대학교와 인연을 맺게 된다. 하정웅 선생은 평생 모은 미술작품 전부(2700점)를 이곳 영암군에 기증해 주어, 영암군에서 2012년에 작품을 전시하기 위해 미술관을 설립하게 되었다. 아마 하정웅 화백은 자신이 태어난 일본의 태도를 반성하는 의미에서 우리나라 시골마을에 작품을 기증하는 결심을 한 듯싶다.

작품 중에는 대한제국의 마지막 황태자비인 이방자李方子 작품이 있다. 일본은 조선 왕족인 영친왕(이은李垠)과 일본 여성인 이방자 여사를 정략적으로 결혼시켰다. 영친왕이 사망하자 이방자 여사는 한국과 일본을 오가며 여생을 도예를 하면서 지냈다. 아마 시대의 흐름 앞에서 인생의 무상함을 느꼈기에 써내려간 내면이 결국 작품인 〈무無〉가 아닐까. 또 한국 채색화에서 독자적인 화풍을 표현하는 상징적인 작가 천경자千鏡子의 작품 6점이 한 모퉁이에 나란히 있었다. 최근에는 〈미인도〉 작품이 위작 시비에 휘말렸던 작가다. 또 미륵보살을 그린 김흥수 화백의 작품이 눈에 띄었다. 턱수염 화가로 알려진 김흥수 화백은 43세 연하의 여인과 결혼해서 화제를 몰고 오기도 했다.

그러나 내 눈에는 금세계 최고의 미술가인 프랑스의 '마르크 샤

갈(Marc Chagall)'이 그린 〈연인들의 꽃다발〉이라는 작품이 눈에 띄었다. 꽃병 두 개에 가지런히 담겨진 붉은색과 푸른색의 꽃봉오리에서 향기를 내뿜으며 이파리에서 물방울이 금방 떨어질 것 같았다. 감상하는 우리에게 꽃다발을 선물한 것 같아 기분이 좋았다. 먼 길을 달려온 작은 보람을 느꼈다.

샤갈은 러시아 출신이지만 프랑스에서 활동한 유명한 화가다. 조국 러시아의 부름이 있었지만 샤갈은 자유 분망한 파리의 생활에서 영감을 얻으며 활동했다. 샤갈은 투명도가 높은 푸른색을 자유롭게 사용했으며 서커스를 통해 본 심중이야기를 그림으로 남겼다. 대부분 그림에서 얼굴을 반쪽만 그리거나 거꾸로 되어 있는 추상화가 많다. 해설가의 설명이나 인터넷에 나타난 해설을 찾아

봐야 조금 이해가 되는 그림이다. 그러나 영암미술관에 전시되어 있는 꽃다발 그림은 아름다움이 바로 우리 곁에 다가와 반가웠다. 유명한 화가란 단순히 그림에 대한 가격이 중요한 것이 아니라 후세에 살고 있는 우리가 그림을 이해하고 그 이해가 우리에게 암시적으로 삶의 방향을 제시해 줘야 하지 않을까 생각되었다.

미술관에서 나오자, 저만치 서 있는 눈 쌓인 월출산, 산봉우리는 말이 없었다. 월출산으로 향하는 도로에는 자동차들만 싱싱 달리며 도갑사, 국사암, 죽림정, 죽정서원 등의 이정표만 뒤로한 채 그냥 앞만 향해서 달린다. 봄이 오면 월출산은 또다시 수많은 산객을 포옹하며 길을 내주고, 젊은이의 밀어를 가슴에 쓸어 담으며 빙그레 웃고 있겠지.

돌아오는 길에 월출산 모퉁이 한옥마을에 지인이 살고 있기에 잠시 들어가 보았다. 50대로 보이는 부부는 우리에게 친절하게도 한옥에 대해 설명해 주었다. 퇴근한 뒤 한옥에 돌아와 월출산 풍경을 바라보면 직장생활의 스트레스가 달아난다고 했다. 도시의 아파트에 살다가 부인의 권유로 한옥을 지어 이사해 보니 넉넉한 마당에서 맑은 공기를 마시며 정원의 나무를 바라보면 마음부터 시원스럽단다.

달빛 찬란한 보름날 월출산 한옥마을을 다시 찾아 밤공기를 마시고 싶다. 이른 아침 허물없는 친구와 어울려 산과 들을 돌아보며 샤갈이 그린 붉은 꽃송이를 찾아다니며 2~3일 동안 머물고 싶은 곳이 남도의 작은 도시, 영암이다.

연향에 취하다

은은한 연의 향은 첫사랑의 내음이다. 연꽃은 꽃 중 으뜸 꽃이다. 오염된 진흙땅에서 태어난 출신 성분부터 다르기 때문이다. 화려한 장미 향도, 코를 찌르는 찔레 향도 좋지만, 연꽃은 멀리 서 있다가 한발 한발 가까이 다가와 미소 짓는, 곱게 단장한 한복 차림의 여인 모습이다.

지난겨울, 연은 차가운 땅속에서 깊은 잠을 자고 있었겠지. 해동을 하면 연뿌리는 컴컴한 흙속에서 고개를 내밀며 어둠의 터널을 뚫고 이파리를 피워 올렸겠지. 한줄기 소낙비가 주룩주룩 쏟아진다. 연잎은 사나운 빗방울을 불평하지 않으며 몸으로 받아 낸다. 대기 중 흙먼지가 뒤섞인 물방울은 연 이파리에 잠시 머물기만 할 뿐 한 발도 붙이지 못한다. 드디어 때가 되었다. 연못 잉어들이 짝을 찾는 6월 중순이 되면 연꽃은 계란같이 둥근 모양으로 수줍게 얼굴을 내민다. 이때 미리 준비했던 은은한 향을 바람에 날리면 하나둘 반가운 손님들이 찾아온다. 연꽃은 원만하고 둥글어서 보고 있으면 저절로 포근하고 따듯해진다. 연꽃이 피기 시작했다는 신문이나 방송을 보게 되면, 그날 이후로 연꽃을 보려고 구름처럼 사람들이 모여든다. 사람들은 먼지 묻은 회색 마음을 연꽃 향을 맡으며 활활 털어 내려고 오는 걸까?

전주 덕진 연못의 연꽃은 한꺼번에 모두 피지 않는다. 연꽃은 길이 막혀 늦게 찾아오는 손님에게도 향기를 나눠주고 싶은 모양이다. 한꺼번에 모두 피면 이미 온 손님들이 아마 연꽃 향에 넋을 잃고 되돌아가는 길을 헤맬까봐 그러나 보다. 찾아오는 모든 사람에게 고르게 향을 주어 오랫동안 연꽃이야기를 하도록 만들 모양이다. 꼬마가 할머니 손에 이끌려 연꽃을 바라본다. 할머니는 손자에게 연꽃을 바라보며 열심히 설명하고 있다. 아마 연꽃에 얽힌 효녀 심청이 이야기를 하는 모양이다.

연꽃을 촬영하려는 사람들이 여기저기에서 셔터를 누른다. 그들은 이미 활짝 핀 연꽃보다 소녀의 볼록한 가슴처럼 막 피려는 꽃봉오리에 더 많은 관심을 가지는 것 같다. 아마 사람들은 오늘보다 내일에 희망을 걸듯 내일 피어날 향기에 더욱 기대를 갖고 싶은 모양이다. 어느 연꽃은 벌써 활짝 피었다. 더위에 웃옷을 벗어 던진 요염한 여인 같다. 저편에 있는 연꽃은 엊그제 피었다가 이제 연밥을 만들어 물뿌리개에 숨기고 훗날을 기약하고 있다. 가을이 오면 다시 땅속의 뿌리는 통통해져 우리 식탁에서 맛있는 반찬으로 오를 것이고, 물뿌리개에 숨어있는 연밥은 또 다른 맛을 내는

간식이 되어 우리를 즐겁게 할 것이다.

오래전 바람이 몹시 부는 날이었다. 그날 퇴근길에 나는 덕진공원에서 연꽃 향기를 맡으며 한 여인과 연화교를 걷고 있었다. 그때 나는 바로 눈앞에 아는 사람과 눈을 마주쳤었다. 몰래 데이트를 들켜버린 나는 퍽이나 당황했었다. 마치 시골길에서 발에 걸린 고구마 한 개 줍다가 주인한테 들켜버린 심정이었다. 나는 왜 그 시간에 우연히 마주친 다른 사람에게 자연스럽게 인사를 나누지 못했을까? 헤어질 때 그 여인은 나에게 손을 내밀지 못하고 연꽃같이 얼굴을 붉히며 도망치듯 사라졌다. 그 여인은 지인의 만남이 혹시 나에게 누가 될까봐 그랬다고 했다. 그 뒤 우리는 비켜간 인연이 되었다. 아마 그 사람은 지금도 남을 배려하는 연꽃 같은 마음으로 많은 사람들에게 향기를 나눠주고 있을 것 같다.

갑자기 연꽃을 국화로 정하고 있는 인도와 스리랑카에 가고 싶다. 원주민의 피부색은 비록 좀 검지만 사람들의 마음은 연향처럼 끈끈한 정이 가득 차 있을 것 같다.

채우기와 비우기

인간의 욕망은 끝이 없어 보인다. 한번 권좌에 오르면 내려올 줄 모른다. 이집트의 무바라크 대통령이 30년을 통치하고도 미련을 못 버리고 망신을 떨었다. 우리나라 전직 대통령 몇 분도 한번 오른 그 자리에 계속 눌러 앉아 있다가 결국에는 안타까운 모습을 보였다. 오죽했으면 헌법을 개정해서 대통령의 임기는 단임제로 했을까?

그 원인을 곰곰이 생각해 봤다. 종교에서는 마음을 비우라고 하는데 학교에서는 머릿속을 가득 채우라고 야단이다. 정규시간이 모자라 과외도 하고 그래도 시간이 남으면 채우기 위해 또다시 책과 씨름한다. 사회에 필요한 지식은 6세에서 10세 사이에 80% 이상을 스스로 터득한단다. 명문이라는 SKY대학에 가려면 머릿속을 빈틈없이 가득 채워야 가능하단다. 명문대학을 졸업하고 어렵게 한 자리 오르면 오히려 큰 도둑이 되어 여러 사람한테 손가락질을 당하고 망신을 떤다.

영국의 철학자 스펜서는 "인간은 삶이 두려워 사회를 만들었고 죽음이 두려워 종교를 만들었다."라고 했다. 신앙의 교리에서는 머릿속을 비우라고 적극 권장한다. 높은 자리로 올라가면 내려올 줄도 알고, 가지고 있는 재물도 불우이웃에 나눠주고, 팔다리에 힘이 있을 때 이웃을 도우라고 한다. 그러한 비우기가 거짓이 아닌 진정한 비움이 될 때 우리 모두 박수를 보내고 있다.

나는 가끔 등산을 한다. 산 정상에 올라가면 주변을 일단 둘러보

고 내려온다. 그런데 한번 오른 정상에 계속 머물러 있으면서 오물만 버리고 있다면 아래에서 올라오고 있는 등산객은 어찌하란 말인가. 젊어서는 부지런히 활동하고 나이가 들면 스스로 깨달아서 마음을 비워야 하는가 보다. 그런데 나는 과연 공직생활을 하면서 어려운 일을 내가 앞장서서 처리하고, 공은 동료에게 돌리며 살았는지 한 번 더 반성해 본다. 퇴직을 하고 보니 이제는 올라갈 자리도 없고 내려갈 자리도 없이 그저 그렇게 살고 있지만, 이제는 좀 더 아래쪽을 바라봐야 하겠지…….

연말연시가 되면 얼굴 없는 천사의 아름다운 이야기에 가슴이 뭉클하다. 애향의 도시 전주에서 일어나는 이야기다. 매년 노송동 주민 자치센터 앞에 거액의 성금을 가져다놓고 불우이웃을 도우라는 이름 없는 천사에게 힘찬 박수를 보내고 싶다. 또 어느 사람은 행상을 하면서 근근이 모은 전 재산을 학교에 장학금으로 기부한다. 넉넉하게 배우지 못했던 본인의 모습에서 비우는 모습이 아름답다. 그 노인의 모습을 본다. 손마디는 굵어졌고 힘줄이 튕겨 나온듯하다. 주름진 이마에 합죽한 입가의 잔잔한 미소는 진정 아름다운 모습이다. 나는 지금의 수입으로는 부양가족 생활비에 불과하다고 투덜대지만 않았나 다시 한 번 되돌아보고 싶다.

나이를 먹으면 입은 다물고 마음을 열어 지갑을 여는 모습이 삶의 진리인 듯하다. 채우기만 하다가 덜미가 잡혀 쩔쩔매는 소식보다도 아름답게 비우는 소식이 자주 등장하여 비움이라는 행복 바이러스가 널리 퍼져 나갔으면 좋겠다.

고구려 옛 땅을 꿈꾸며

장백폭포에서 내려오는 길가에 하얀 자작나무와 예쁜 미인송이 우리를 반겼다. 백두산 천지 북쪽에 있는 천문봉 관광을 마치고 바라본 광활한 산야는 내 마음을 착잡하게 만들었다. 중국요령성(심양)을 거쳐 길림성(연길)의 백두산 천지를 오가는 산천은 낯설지 않았다. 나지막한 산세와 넓게 펼쳐진 평야, 그 평야에서 옥수수도 자라고 벼도 크고 있었다. 옛날 고구려 역사가 숨 쉬는 곳이기 때문이리라. 또 일제 강점기에는 애국 청년들이 청산리 전투와 봉오동 전투에서 일본인의 간담을 서늘하게 해주었던 자취가 남아 있었다.

중고등학교를 다닐 때, 역사 교과서에서 신라가 당나라를 끌어들여 삼국통일을 하게 된 사실을 자랑스럽게 배웠다. 그러나 요즘

사학자들은 3국 중에서 고구려가 통일을 했었더라면 하는 아쉬움을 자주 이야기한다. 오늘날 우리의 현실을 생각한다면 가슴을 치며 땅을 치고 싶은 때가 한두 번이 아니다. 나는 한글을 만드신 세종대왕보다도 광활한 포부를 펼친 광개토대왕을 더욱 숭배한다. 아쉽게도 만주 벌판 지린성 통거우에 있는 높이가 5m 넘는 광개토대왕비를 이번 여행에서 찾아보지 못하여 아쉬움이 많다.

중국과 조선의 국경지인 두만강으로 향했다. 백두산 장백폭포에서 물길이 동쪽으로 떨어지면 두만강이요, 서쪽으로 떨어지면 압록강이다. 중국에서 북한으로 왕래할 수 있는 100m 넘는 긴 다리가 있는 국경도시 도문에 도착했다. 다리 위로 50m 정도 걸어가 보니 다리 가운데 검은 줄이 두텁게 그어져 있다. 조·중 국경선이다. 경계에 서 있는 중국 군인은 두 눈을 크게 뜨고 검은 선을 넘지 못하게 하고 있다. 마치 한 발만 더 디디면 월북으로 간주하려는 눈총으로 무섭게 우리를 노려보며, 알아듣기 어려운 말투를 써가며 감시하고 있었다. 관광객 중에는 푸른 눈의 유럽인들이 신기한 듯 연신 카메라를 누르고 있었다.

세계인은 하나다. 언어가 다르고 피부색이 달라도 만나면 웃으며 하나가 되어가고 있다. 그런데 하물며 같은 민족이며 언어가 통하는 민족인데도 오랫동안 감정이 풀리지 않고 있으니 답답하다. 중국은 경색된 남북관계를 우리에게 상술로 풀어먹고 있다고 생각하니 영 개운치가 않다. 가요에는 '두만강 푸른 물' 나룻배에 임을 태워 보냈다던 강물이었는데 이제는 강물도 기다림에 지쳐

흙탕물이 되었나 보다. 우리 일행은 두만강에서 관광용 뗏목을 탔다. 나는 뗏목 뒤쪽에 앉았다. 두만강 가운데가 국경선이다. 배가 북한 쪽으로 아주 가까이 접근했다. 북한 땅 코앞까지 왔다. 뗏목을 타고 잠시 월북한 편이다. 사방은 조용했다. 뱃사공의 물소리와 바람소리만 고요하게 들릴 뿐이다. 북한 땅 강변에서 강물 밑으로 뻗어 나온 갈대 잎이 물 위에서 손짓하고 있었다. 나는 누가 감시하나 주변을 두리번거리면서 잽싸게 갈대 한 잎을 꺾어 얼른 호주머니에 넣었다. 하찮은 풀잎 하나지만 나는 소중하게 간직하련다. 이곳 중국 땅에는 관광객이 웅성거리고 있는데 강 건너 북녘 땅에는 잡초만 무성하고 북쪽의 산야는 우리를 묵묵히 바라보고만 있었다. 북한도 좀 더 과감히 개혁 · 개방을 하여 백두산 주변에 많은 관광객을 유치하면 얼마나 좋을까? 햇볕에 얼굴이 검게 탄 총각

뱃사공은 구슬땀을 흘리며 '올해는 비가 많이 와서 손님이 적다.'고 한숨을 내쉬었다.

중국의 동북3성은 고구려 영토였다. 주몽이 졸본성(중국영토)에 고구려를 세우고 남으로는 평양, 북으로는 만주의 넓은 들녘까지 영토로 확장한 사실에 자긍심을 갖고 싶다. 여행을 하는 우리가 길림성에 들어서 창밖을 바라보면 입가에 미소가 우러난다. 길림성 도시의 간판이 모두 한국어로 쓰여 있다. 상점 간판은 한글을 먼저 쓰고 아래에 한문을 쓴다. 세로로 간판을 달 때도 먼저 한글을 쓰는 제도가 법적으로 지정된 지역이다. 조선인촌을 가 보았다. 전주식당이 있고 밀양식당도 있다. 우리 돈과 우리의 언어를 그대로 활용해도 지장이 없으니 마치 우리 시골장터에 온 느낌이다.

중국인들이 말하는 동북공정의 허구성을 입증하려면 보다 많은 우리의 역사자료를 발굴하고 정비하여 많은 사람들이 인지하는 일이 아닐까? 베이징에서 올림픽이 열렸던 2008년을 계기로 중국에서는 백두산 관할을 길림성에서 중국 중앙정부(중국)로 바꾸고 백두산 주변에 많은 투자를 하고 있었다. 얼마 전까지 관광객이 주로 한국사람이었으나 요즘에는 중국인이 몰려오고 있었다.

그러나 길은 찾으면 얼마든지 있을 수 있다. 그러기 위해서는 우선 인구자원이 중요하다. 길림성 인구 20만 명 중 41%인 8만 5천 명의 조선족이 살고 있다. 중국인들은 결혼해서 1명의 자녀까지 허용하지만 소수민족인 우리 조선족은 연변자치국에서 인구우대정책으로 자녀들을 2명까지도 법적으로 허용한단다. 머지않아 조선족은 인구가 급속히 늘어나고, 백두산의 정기를 받아 위대한 지도자가 혜성같이 나타났으면 좋겠다. 오바마가 미국의 대통령이 되듯 말이다.

그렇다고 고구려의 옛 땅이 지금 바로 우리 국토가 되어야 한다고 주장하는 이야기는 아니다. 우리는 고구려가 멸망한 뒤 한반도 안에서 오랫동안 머무르며 살고 있다. 많은 세월이 흘렀지만 만주 지방은 생활습관과 문화가 우리와 동일한 점이 많다. 그간 우리 민족은 대륙진출이 막히자 5대주 6대양으로 뻗어나가 세계 15위권의 경제 대국을 이뤘다. 이제는 경제대국에 걸맞게 조금 더 포용정신을 발휘한다면 우뚝 서는 세계 속의 한국이 될 수 있다. 포용은 서로 '다름'을 내세우지 않고 조금이라도 '같음'을 발견해 함께 이해하여 감싸고 사는 일일 것이다. 고구려가 과거에 대륙의 수많은 이민족을 포용하지 못했다면 어떻게 그 넓은 땅을 지배할 수 있었겠는가. 다름을 내세우지 않고 같음을 내세우면 얼마든지 가능하다고 본다.

중국 '신자'가 "한 가정이 더욱 잘살면 먼 일가도 찾아오고, 못살면 형제도 떠난다(家富則疎族聚 家貧則兄弟離)."라고 했다. 우리 국력이 더욱 강해지고 국제사회가 인정하는 부유한 국가가 되는 날이 어서 왔으면 좋겠다.

섬진강의 벚꽃

봄바람을 듬뿍 마신 벚꽃들이 활짝 웃고 있었다. 우리나라에서 가장 아름다운 도로인 섬진강 꽃길을 달려갔다. 벚꽃은 차창에서 환하게 나타났다가 금방 사라진다. 산과 들에 묻혀있다가 사라지고 바람따라 환해진다. 또 가로수들이 벚꽃에 밀려 뒤쪽으로 멀어져갔다. 섬진강 물결도, 모래사장도 예쁜 꽃들을 바라보고 있었다. 강물은 산과 나무를 자기 몸에 거꾸로 심어 움직이는 그림으로 그려 내고 있었다.

도로 양쪽에서 눈꽃처럼 하얗게 피어난 꽃송이가 하늘을 덮은 모습은 그야말로 장관이었다. 군데군데 벚꽃으로 터널을 만들어 차량과 숨바꼭질을 하며 우리를 놀라게 했다. 버스 속에서 친구들은 환환 미소를 띄우고 꽃을 바라보며 "히야! 예쁘다."라는 말만 되풀이하고 입을 다물지 못했다. 봄기운이 완연한 4월은 벚꽃만 피어 있는 게 아니다. 산골 마을 모퉁이에는 키다리 목련이 저만치 서서 하얀 옷을 입고 마을을 지키고 있었다. 또 산속에는 엄마 벚꽃과 아기 벚꽃이 소풍을 가고 있다. 불그스레한 복숭아꽃와 살구꽃도 수줍게 피어있다. 나 보기가 역겨워 가는 임에게 뿌려준다는 진달래꽃도 산모퉁이를 차지하고 있었다. 아직 늦둥이 매화와 개나리는 가는 세월이 아쉬운 듯 띄엄띄엄 남아 있었다. 부지런한 농부는 들녘에서 농사준비를 하고, 아낙네들은 언덕에서 쑥을 캐는지 연신 허리를 구부리고 있는 모습이 한가롭게 보였다.

꽃들을 바라보니 젊은 시절이 생각났다. 한창 꽃다운 20대에는 꿈도 많았었다. 이제 생각하니 그때가 꽃 같은 시절이었나 보다. 주변에서 부러운 눈으로 바라보는 시선이 많았었는데, 이제는 몸과 마음을 좀 더 편안하게 지내야 할 때가 된듯하여 아쉬움이 교차했다.

서울에서 7시간을 버스로 달려온 화개장터는 전국에서 모여든 차량의 행렬로 북새통을 이루고 있었다. '전라도와 경상도 만나는 화개장터, 있을 것 다 있고 없을 건 없다'고 조영남 가수가 불러 더욱 유명해진 화개장터는 한약재 상품이 즐비했다. 어디를 가나 건강은 만인의 관심사, 여러 가지 상품 중 건강 상품이 최고 인기 상품인 모양이다. 점심때가 지나서 그런지 음식 냄새가 구수했다. 섬진강변의 별미인 시원하고 구수한 국물에 부추를 듬뿍 넣은 '재첩국'과 새콤달콤한 '재첩회무침'에 소주 한잔 맛은 꿀맛이었다. 여행은 어디를 가든 먹는 재미가 으뜸인 것 같다.

디지털 카메라로 사진 몇 장 찍다 보니 카메라 충전이 바닥나 버렸다. 벚꽃 아래서 환하게 웃고 있는 동료들의 모습을 카메라에 더 이상 담지 못했다. 이제는 친구들이 멋진 풍경을 머릿속에 깊게 새기느라고 눈을 크게 뜨고 바라보면서 모두들 꽃향기에 취해 있었다.

오래전에 계획했던 초등학교 동창의 만남이 어제 오후 서울 우이동 별장에서 있었다. 친구들이 하나둘 모여 36명 되고 보니, 얼굴을 대할 때마다 반가웠다. 더 많은 친구들이 왔으면 하는 서운함이 좀 있었다. 그러나 준비하는 과정에서 좀 더 깊은 이해심과 협동이 필요한 부분이 있는 듯하여 아쉬웠다. '나' 하나의 사사로운

의견보다도 '우리'라는 개념으로 발상의 전환이 때로는 필요하지 않을까 하는 생각을 해봤다. 모여 있는 친구들은 허물없는 대화를 나누며 대화 속에 밤이 깊어만 갔다. 저녁 식사 후 동심으로 돌아가 신나게 춤을 추고, 즐겁게 노래도 부르며 유쾌한 시간을 가졌다. 젊은 시절로 되돌아가 멋지게 노래한 모습을 카메라에 담아 '인터넷 카페' 앨범에 올려놓았다.

오늘은 버스를 타고 벚꽃 축제장에 와보니 즐거웠다. 일찍 핀 꽃잎은 하얀 눈송이가 하늘에서 떨어지는 것처럼 신작로에 바람 따라 뒹굴며 여행을 떠나고 있었다. 그 길 따라 차량 행렬도 줄지어 따라가고 있었다. 가랑비야! 천천히 와라. 비 맞으면 벚꽃이 떨어진다. 날씨가 좋아야 하얀 벚꽃이 오래도록 남아있어 여러 사람이 찾아와 즐겁게 볼 수 있을 테니까.

화개장터를 빠져나와 경남 남해로 향하는 도로는 바다가 보여 좋았다. 오래전에 보았던 육중한 남해대교가 빨강색으로 짙게 화장을 하고 남해시에 손님을 끌어들이고 있었다. 넓은 바다를 보면 가슴이 울렁거린다. 내 가슴속에 남아있는 편견과 좁은 마음이 파도에 부딪쳐 바다처럼 넓어졌으면 좋겠다. 우리 일행 중 J가 남해에 살고 있는 자기 친구에게 전화를 했다. 기꺼이 달려와 우리 일행을 안내해 주었다. 고마운 친구였다. 나에게도 그런 친구가 있을까 하고 생각해 보았다. 내게 그러한 친구가 없다고 한탄 말고 내가 먼저 친구들에게 크게 베풀면 되돌아온다고 했었는데 난 아직 그러질 못한 것 같았다. 마침 내가 쓴 책 ≪주고 싶은 선물≫ 한 권을 그 친구에게 기념으로 주니 반갑게 받았다.

초등학교 동창 친구들과 2박3일의 여행은 즐거운 만남이었다. 고향으로 돌아가는 친구들 마음속에는 한 아름 선물이 안겨져 있었다. 섬진강 꽃들의 잔치를 즐기며 유유히 흐르는 강물을 보고 '고마움과 우정'이라는 커다란 단어를 가슴에 남기며 금방 부자가 된 듯 뿌듯한 여행이었다.

국제 미아

일본 동경으로 관광여행을 갔을 때 일이다. 여행 이틀째에 닛코, 하코네 등 여러 곳을 관광해서 몸은 좀 피곤했다. 하지만 외국여행이라 그런지 다음날 아침에는 일찍 일어났다. 식사시간 전에 숙소 주변을 산책하려고 룸메이트인 친구와 둘이서 1층으로 향했다. 엘리베이터 앞에는 여러 손님이 대기하고 있기에 우리는 둘이서 비상계단을 타고 천천히 걸어서 내려갔다.

그런데 계단을 걸어서 1층까지 내려갔으나, 호텔 안으로 들어가는 입구를 막아놓고 외부로 연결된 통로가 나왔다. 다시 되돌아올까 하다가 그냥 지하도를 타고 꾸불꾸불한 길을 걷다 보니 5백여 m를 갔다. 새벽 6시경의 지하 통로는 좀 어두웠지만 공기는 차가웠다. 그 지하도로 몇 사람은 출근을 하는 듯 앞쪽에서 오면서 우리를 흘깃흘깃 쳐다보았다. 그런데 바라보는 눈빛이 좀 이상했다. 아마 "이 시간에 왜 이 길로 나올까?" 했을지도 모른다. 우리 둘이 지하도를 벗어났을 때는 완전히 낯선 길이었다. 이제 왔던 길로 되돌아갈 수도 없었다. 사방을 돌아봐도 방향감각이 없고 멍한 기분이었다. 친구가 오른손을 들어보이면서 이쪽일 거라고 그쪽으로 향했다. 그제야 우리의 숙소가 동경 프린스 호텔이라는 것이 어렴풋이 기억났다. 한참을 걷다 주변을 살펴봐도 프린스 호텔이라는 간판이 나오질 않았다. 이 골목 저 골목 헤맨 시간은 30여 분이 넘은 듯했다. 숙소에 남아있는 우리 일행들은 틀림없이 아침식사를 이미 시작했을 것이었다.

우리 둘은 국제 미아가 되어버린 것이다. 등짝에서 식은땀이 나기 시작했다. 숙소를 찾지 못하면 어쩌나 하는 두려움이 순간 몰려왔다. 우리는 핸드폰도 가지고 나오지 않았다. 잠깐 주변을 산책하려고 호실 열쇠와 식권만 들고 나왔다. 길거리에 오고가는 사람이 있지만 언어가 잘 통하지 않아 물어 볼 용기가 없었다. 숙소 방향이 이번에는 왼쪽 길로 가면 될 것 같아 빨리 가보면 화단이 길을 막아 버렸다. 되돌아 걷다 보면 고층건물이 가로막는다. 방향감각이 뒤범벅이 되어 당황되었다.

이리저리 헤매다 보니 프린스 호텔이라는 작은 안내 간판이 보였다. 반가워 빠른 걸음으로 뛰어갔으나 우리 숙소의 입구가 아니었다. 그래도 그 프린스 호텔의 프런트에 달려가 가지고 온 호텔 식사권을 꺼내 보여 주면서 "디스 웨이"라며 서투른 영어 몇 마디로 물었다. 친절한 호텔 안내자는 주변의 작은 지도를 꺼내 보이며 설명해주었다. 알고 보니 프린스 호텔 건물이 이곳에 4군데나 되었다. 동경 한복판이지만 당초 지형이 야트막한 산 중턱에 프린스 호텔을 지어 운영하다가 4개동을 더 확장해 지어 놓았으니 여행객은 쉽게 구분할 수 없었다. 왼쪽으로 돌아서 넓은 정원을 지나 건물 하나만 지나면 뒤쪽 건물이라고 설명해 주는 것 같았다. 당황한 마음에 빨리 걸어가 보니 또 다른 건물에 앞이 가려 이번에도 입구를 찾을 수 없었다. 벌써 호텔방을 나온 지 40여 분이 지났다. 우리가 제시간에 들어가지 않으면 여행 일정에 차질이 생길 것이다. 우리는 동료들에게 어리석은 '고문관' 취급을 받을 것이라고 생각을 하니 입에 침이 말랐다. 불안한 마음에 이마에는 땀방울이 맺히고 내복은 땀으로 척척하게 젖어 왔다. 나중에 알고 보니, 식사시간이 되었는데 오지 않는다고 걱정을 하며 식사를 하였다고 한다. 일찍 식사를 마친 동료들은 우리를 찾느라고 이곳저곳을 기웃거렸

다고 한다.

미아가 된 우리는 이리 돌고 저리 돌아 겨우 호텔 입구를 찾았다. 우릴 찾고 있는 일행을 멀리서 발견하고서야 국제 미아 신세에서 벗어날 수가 있었다. 일행을 보니 눈이 환하게 밝아졌다. 나중에 알고 보니 우리는 지하도를 타고 동경 전철역 부근까지 온 것이었다. 우리는 결국 1시간 동안 미아가 되었지만 정말 불안하고 초조했었다. 아마 조금만 더 늦었으면 일행이 경찰에 신고했을지도 모른다. 늦었지만 허둥지둥 아침식사를 동료들의 환영 속에서 마칠 수 있어 다행이었다.

외국에서 길을 잃어버리면 걸어 왔던 길로 그대로 되돌아오면 차라리 나을 것 같다. 지름길로 빨리 찾아간다고 낯선 길로 들어서면 당황하여 미아가 되기 쉽다. 숙소가 정해지면 반드시 숙소의 안내 명함은 꼭 몸에 지니고 핸드폰은 항시 휴대하여야 함을 느꼈다.

그런데 가만히 생각해 보니 미아도 여러 가지가 있는 듯하였다. 이웃으로부터 내가 미아가 될 때가 있다. 더불어 살아가는 우리는 나 개인의 주장보다 이웃과 협력하며 어울리면 모두가 좋아한다. 그런데 가끔 독불장군이 되어 자기의 주장을 강하게 내세우다가 이웃으로부터 미아취급을 받는 경우가 있다. 앞으로 외국에 가서 '국제미아'가 되지 않도록 하는 점도 중요하지만, 나부터 가족이나 이웃으로부터 따돌림당하는 '국내 미아'가 되지 않아야 될 것 같다.

그래, 그렇게 사는 거야

법정스님이 떠나가셨다. 우리에게 삶의 의미를 다시 한 번 생각하게 하는 커다란 가르침을 주고 가셨다. '내 것'이라고 하는 법정스님의 것이 아직 남아 있으면 맑고 향기로운 사회 위해 쓰라는 유언까지 하셨다.

폐암의 고통으로 한밤에 잠에서 깨어도 맑은 정신을 갖게 해주었다고 주어진 여건을 운명으로 여겼다. 병상의 법정스님에게 소원을 묻자 '사람들에게 폐를 끼치지 않고 하루 빨리 다비식 장작으로 올라가는 것'이라고 하셨다. 자신에 대해 화려하게 장례식도 하지 말고 기념탑을 세우지도 말라는 유언을 남겼다. 마지막 날까지 무소유 정신을 실천으로 보여주신 것이다. 법정스님은, 버려야 할 두 가지는 '탐욕과 무지'이며, 소유해야 할 것 두 가지는 '무아와 무소유'라고 하셨다. 법정스님의 평생소원은 '보다 단순하고 보다 간단하게 사는 것'이었다.

TV 화면에서 스님의 다비식을 보았다. 감색의 승복에 덮여 머리 부분의 상체와 하체가 구분되는 모습으로 대나무 평상에 누워 10명의 스님 어깨에 메인 채 운구되는 모습은 우리의 가슴에 잔잔한 감동을 주었다. 법정스님은 1976년도 발표한 ≪무소유≫라는 수필집이 밀리언셀러로 되면서 이름을 남긴 스님 작가다. 무소유는 아무것도 갖지 않는다는 것이 아니라 불필요한 것을 갖지 않는 것을 의미한다. 무소유는 불필요한 것에서 얼마나 자유로워졌는가를 살피는 일이라고 하였다. 그러나 법정스님은 본인의 작품조차도 다시 출간하지 말라고 했다. 그간 말의 공해를 만들었는데 이제는 그 공해를 자신이 거두어들이는 의미에서 다시 출판하지 말라고 하신 것이다. 그 말씀은 보통사람의 생각으로는 상상을 초월한 이야기다.

얼마 전 법정스님이 TV에 나와 시청자의 마음을 흔들었다. '버리고 떠나라'에서 삶은 소유물이 아니라고 하셨다. 인생은 한때 떠도는 구름 같은 존재라고. 그래서 그때마다 최선을 다해 살 수 있어야 한다. 베풀고 사는 것은 놀라운 신비요, 아름다운 세상이라고 하셨다. 행복을 먼 곳에서 찾지 말고 그날 하루 먹을 것과 건강만 있으면 행복이라 했다. 짧은 인생인데 소유에 너무 집착해 살다 보면 그만큼 괴로움도 크다고 하셨다. 능력 있을 때 가진 것을 어려운 이웃에게 나눠주고 떠난 사람은 오래도록 향기가 나고 별처럼 빛나는 사람이라고 했다.

지금의 내 자신은 어떻게 살았는가? 젊었을 때, 조그마한 힘이 있었다고 내 위치를 망각하지 않았는지. 커다란 감을 내 앞에 먼저 놓으려고 하지 않았는지 가만히 반성해 본다. 내 마음속에 능력이 있어 99가마니의 쌀을 가졌을 때 1가마니를 가진 사람의 쌀을 합쳐 100가마를 채우려고 하지는 않았는지 생각해 본다.

몇 년 전 친분이 두터웠던 천주교 김수환 추기경이 길상사 개원법회에 찾아와 축사를 하였다. 법정스님이 화답으로 명동성당을 찾아가 특별 강론을 하였다. 자리를 마련해 준 '인연'과 '천주님의

뜻'에 감사한다고 말문을 열어 가톨릭 신자에게 큰 박수를 받으셨다. ≪무소유≫를 읽은 김수환 추기경도 "이 책이 아무리 무소유를 말해도 이 책만큼은 소유하고 싶다."라고 하였다. 공교롭게도 김 추기경의 선종 1년여 만에 법정스님도 입적했다. 아마 저세상에서 다시 만나서 반갑다고 두 손을 꼭 잡고 웃으며 또 다른 인연을 만들어 갈 것 같다.

요즘 우리 사회의 모순이 실타래처럼 얽혀있어 안타깝다. 가진 자와 가난한 사람, 진보와 보수의 대립, 지역 이기주의에 묶여 내 지방 사람만 감싸는 사람들, 내 편이 아니면 적대시하며 상대의 말조차도 듣지 않으려는 사회의 양극화 현상이 사라지지 않는 듯하다. 자기 고집만 내세우지 말고 마음을 비워 솔직하게 대화를 해 보면 어느 정도의 오해도 풀리고 상대를 쉽게 이해할 수 있다. 법정스님의 생활철학인 탐욕과 무지를 버리고 무아와 무소유의 정신이 필요한 까닭이다.

그러나 가정을 가진 평범한 시민의 입장에서는 법정스님의 생활을 그대로 실천하기는 어려울 것 같다. 보통사람인 우리가 결혼하여 사회를 구성하려면 명예가 있어야 하고, 가족을 부양하려면 경제적 여유가 있어야 한다. 그래서 때로는 살기 위해서 선의의 생존경쟁을 벌이지 않는가? 그렇게 제 역할을 하는 일이 우리네 삶인 것을 어찌하랴! 한 조각의 아름다운 구름으로 언행일치를 보여주며 마무리를 하고 열반하신 법정스님을 마음속에 커다란 그림으로 다시 한 번 그려본다. '그래 그렇게 사는 거야.' 하는 마음이 오랫동안 우리네 가슴에 새겨져 지워지지 않았으면 좋겠다.

여름-주황

청와대

청와대는 우리나라 국토 중에서 '천하제일의 복지福地'다. 옛 직장동료들의 모임인 문우회에서 역사탐방으로 서울로 향했다. 청와대 홍보관에 들러 우리나라 대통령이 외국 방문 때 받았던 선물을 진열해 놓은 것을 보니 대통령은 개인이 아니라 기관임을 알 수 있었다. 또 홍보관에 박근혜 대통령의 커다란 사진을 중심으로 역대 대통령의 작은 사진이 걸려 있어 현직 대통령이 현실 중심에서 있음을 알 수 있었다. 심지어 18년 동안 청와대의 주인공이었던 아버지 박정희 대통령도 둘레에 배치되어 있어서 묘한 생각이 났다.

우리 일행은 맨 먼저 녹지원에 들렀다. 스프링클러가 돌아가는 넓은 잔디에 180년을 살았다는 예쁜 모습의 곰솔나무와 반송이 있는 녹지원이다. 얼마 전 어린이날에 대통령과 어린이들이 함께 나와 같이 놀던 모습이 상상되어 금방 다시 나타날 것만 같았다. 녹지원 숲 속에는 꿩과 너구리가 살고 있어 가끔 나타나 방문객을 반긴다고 했으나 오늘은 날씨가 더운 탓인지 나타나지 않아 조금 서운했다. 늠름한 경호경찰의 설명을 들으며 두 번째 도착한 곳은 경무대터다. 옛 대통령 관저 터로 이곳에서 '천하제일의 복지'라는 5m가 넘는 표지석이 공사 중 땅속에서 나왔단다. 우리나라에서 가장 좋은 명당 터라고 알려진 곳이라고 설명하자, 방문한 일행들 모두 명당의 기氣를 받으려 두 손을 벌리며 심호흡을 크게 하였다. 다시 한 번 우리는 기를 좋아하는 한국인임을 느낄 수 있었다. 이 나이에 대체 기를 받아 어디에 쓰려는지 궁금했다.

청와대는 대통령이 거주하면서 나라의 중요한 일을 맡아보는 곳으로 옛날로 말하면 왕궁이다. 청와대는 서울 북악산을 배경하고 자리 잡은 우리나라 중심지인 서울 세종로 1번지다. 늦은 밤도 불을 끄지 않고 24시간 밝혀 국민의 안위와 민족의 번영을 살찌우는 곳이다. 오늘날 청와대라고 하면 건물만을 단순히 의미하지 않는다. 권력의 상징으로 대통령이 국정을 수행하는 것을 가리키기도 한다. 청와대 본관은 웅장한 팔작지붕의 청기와 집으로 위용을 자랑하고 있다. 본관은 실제로 대통령의 집무와 생활의 공간이다. 내부가 궁금했지만 아무나 들어갈 수 없는 곳이다. 우리는 가끔 TV에서나 구경할 수 있을 뿐이다.

본관 옆 영빈관은 국내외 중요한 손님을 접대하는 곳이다. 입구의 대리석 기둥이 웅장했다. 바깥의 기둥의 경우 여러 개를 이은 것이 아니라 한 개씩을 통째로 바위를 깎아 만들었다고 했다. 저렇게 큰 것을 어찌 다듬고 어떻게 가져왔는지 그저 신기하기만 할 따름이다.

나는 30여 년 전 교육청에서 감사업무를 담당할 때 전주의 사립학교 재산분규로 민원이 발생하여 조사 보고서를 가지고 청와대를 방문한 일이 있었다. 그때 조사 보고한 민원이 우리 청에서 사실에 입각한 타당한 처리로 민원을 원만히 해결한 것으로 기억된다. 그때 찾아갔던 청와대의 민원실 모습은 이제는 어디인지 알 수가 없었다. 당시에는 청와대 바깥 주변도 100m 간격으로 사복 경찰이 쫙 깔려 보통 사람들은 형사와 눈을 마주칠 수도 없었지만, 요즈음에는 민간인도 방문을 신청하면 누구나 갈 수 있는 곳이 되었다.

그런데 천하제일의 복된 터라고 했지만 이상하게도 청와대를 거쳐 간 우리나라의 역대 대통령은 퇴임 후 평가가 엇갈린다. 한두 분은 경제적으로 업적을 인정받기도 하지만, 대부분 독재자, 또는 부정부패로 얼룩진 모습에서 국민에게 안타까움을 주고 있다. 그런 가운데 오늘날 우리나라가 세계 10대 경제대국이 되었고 다른 선진국과 어깨를 나란히 할 수 있는 것을 보면 통치자의 역할을 과소평가해서는 안 될 것 같다.

얼마 전 치열했던 대통령 선거가 떠오른다. 누가 당선될지 모르는 상황 속에서 밤을 새워 눈을 비비고 가슴 조이며 개표방송을 보았었다. 아슬아슬한 표차로 선택받은 복된 당선자가 첫 여성 대통령인 박근혜다. 때로는 두 주먹을 불끈 쥐고 국민과 약속했던 공약을 실천하려고 할 것이다. 지역마다 약속한 공약과 복지정책을 다 이루려면 천문학적 예산이 소요되어 지금 바로 추진하면 먼 훗날 국가경제가 파탄이 올지도 모른다. 이제는 다시 점검이 필요하다. 꼭 필요한 사업의 옥석을 가리고 우선순위를 찾아 차근차근 실천하길 바란다. 청와대 주인공 대통령은 권력의 상징이자, 핵심적 두뇌다. 나라의 융성과 국운이 대통령에 달려있다. 청와대 방문 중 마지막 안내 장소는 분수대였다. 높이 솟아오르는 분수처럼 청와대의 정책이 민심을 헤아려 높이 피어오르는 꽃봉오리가 되길 바라는 마음이 간절했다. 청와대는 선량한 권력의 이미지로 우리 국민 모두의 가슴속에 오랫동안 기억되길 바랄 따름이다.

우리를 슬프게 하는 것들

대통령 선거열풍이 거세다. 후보가 찾아가는 곳마다 공약이 홍수처럼 쏟아져 나온다. 현재 거론되는 여야의 유력대선 주자들의 공약을 들여다보면 별 차이가 없다. 그중에서 누가 돼도 주민 복지 확대, 일자리 정책, 대기업의 규제, 고위 공직자 지역안배를 시행할 것이다. 얼마 전 검토 끝에 백지화된 신공항도 다시 세우고, 폐지했던 부서도 부활시킨단다. 후보가 방문하는 곳마다 산업단지도 크게 조성한단다. 누가 당선되어도 선거 후 지역별로 2라운드 경쟁을 다시 하여 국가 재원을 최우선으로 끌어들여야 하는 경쟁이 남아있다.

후보들은 집권 뒤 어떤 비전과 철학으로 국정을 운영할 것인지도 유권자에게 뚜렷하고 명쾌하게 아직 제시하지 못하고 있는 듯

하다. 미래 국정운영을 깊게 생각하지 않고 당장 득표에 도움이 되는 인기공약을 한 후보가 발표하면 다른 후보는 그 공약에 조금 가미해서 백화점식으로 베껴 발표하다 보니 결국 공약이 도토리 키 재기다.

앞으로 우리나라에서 신생아가 태어나면, 부모가 가난하든 부자이든 걱정 없이 5세까지 보육문제는 국가가 책임질 것이다. 초, 중, 고등학교까지 모든 학생에게 무상급식을 시켜줄 것이다. 얼마 전 민선 서울시장이 무상급식의 문제점을 지적하다 낙마했다. 학부모 입장에서 무상급식은 자녀의 중식 준비를 당장 안 해도 되니까 우선 편하게 느낄 수도 있다. 대학교 등록금을 반값으로 줄인단다. 졸업하면 고용할당제를 통해 좋은 직장에 입사할 수 있다. 60세였던 정년이 65세까지 연장돼서 특별한 사정이 없는 한 정년이 보장

된다. 의료비는 1년에 최고로 100만 원만 내면 나머지는 국가가 부담해주니 걱정 없이 치료를 받을 수 있다. 이대로 된다면 복지천국이 된다. 이 지상낙원은 얼마나 지탱할 수 있을까? 그런데 왜 허전할까? 우리의 살림살이가 좀처럼 나아질 것 같지가 않다. 공약들을 실제 추진한다면 2~3년 이내에 재정파탄을 초래해 국가 전체가 위기에 봉착할 것이다.

복지는 필연적으로 많은 재정이 소요된다. 무조건적 무상복지는 자원의 효율적 배분을 방해하고, 도덕적 해이와 근로 유인의 약화를 유발시켜 경제에 부정적 영향을 준다는 점은 이미 알려진 사실이다. 후보들은 말한다. 집권 기간 부자 감세철회나 세출 구조조정 등을 통해 수백조 원을 확보할 수 있다고 주장하지만 실제는 다를 수 있다. 그렇다면 재원확보에 확실하면서도 구체적인 대책도 없이 많은 복지 공약을 실현할 수 있다고 믿는 걸까?

우리나라도 현재 복지예산으로 2012년도에 90조 원으로 전체예산의 30%를 사용하고 있다. 유럽 복지선지국인 스웨덴의 40%에 비하면 많지 않다고 하지만 조세 부담률이 다르기 때문에 수적 비교는 적절치 않다. 우리나라는 근로소득자 1500만 명 가운데 40%에 해당하는 600만 명은 세금을 한 푼도 내지 않기 때문이다.

아마 복지공약을 실천하려면 국가예산의 50% 이상을 몰아쳐 집행한다면 가능할 수 있을지 모른다. 그렇게 되면 일상적인 국가의 살림살이는 어떻게 하란 말인가. 결국 임기 5년 동안 국가 부채만 늘리고 소임을 마친다는 말인가? 경제 환경과 재정 여건 등을 감안

해 복지에 우선순위를 정하고 수혜자의 특성을 고려해 선별적으로 지원하거나 근로 유인을 제공하는 정책이 절대적으로 필요하다고 본다.

비교적 복지제도가 잘되는 나라로 알고 있었던 유럽의 그리스나 스페인이 오늘날 어떻게 되어가고 있는가. 우리나라도 복지정책만 앞세우고 살림을 한다면 어떻게 될까? 젊은이는 생산직 등 힘든 일은 기피하고 손쉬운 일자리만 바라보다가 실업자만 늘어나는 악순환이 계속될까 두렵다. 동남아 국가의 외국인 노동자를 불러들여 계속 공장을 운영해야만 하겠는가. 나라살림은 부채가 눈덩이처럼 커져 금융위기가 오면 부채국가가 되어 경제대국이라는 화려한 명성은 하루아침에 떨어질 것이다. 아마 후보들은 참모들의 의견만 듣고 선심공약만 골라 주먹구구식으로 발표하고 있지는 않은지 궁금하다. 선거가 끝나고 재원 조달이 어려우면 남발한 공약은 빌 공空자 공약으로 바뀌고 마는 일이 어디 한두 번이었던가.

나라 장래가 어찌 되어가든 표만 얻어 당선되겠다는 후보들의 풍선 같은 공약 발표는 우리를 슬프게 한다. 나이가 든 나는 그래도 살 만큼 살았으니 괜찮다. 다만 우리 후손들이 이제는 선진국의 진면목을 즐기며 걱정 없이 살아갈 금수강산인데 앞날이 아주 많이 걱정된다.

나도 탁구 대표 선수다

나도 탁구 대표선수가 되었다. 수원에서 열리는 전국 탁구대회에 당당히 선수로 선발되었다. 직장생활을 마치고 제2인생을 즐겁게 살기 위해 가까운 복지관에 나갔었다. 운동으로 탁구를 치다가 '어르신 탁구 대회'에 참가하게 된 것이다. 좋은 성적을 내 달라는 복지관 동아리의 부탁을 받으면서 대회에 참가하는 동료 8명과 함께 스타렉스 버스로 전주를 출발하였다.

신록의 계절 5월, 신나게 고속도로를 달렸다. 차장 밖 나무들은 연녹색으로 옷을 갈아입고 오가는 차량들에게 몸을 흔들며 자랑하고 있었다. 아까시가 산속에서 하얀 얼굴로 단장하고 새색시가 되어 향기를 멀리 내뿜고 있었다. 산모퉁이에서는 공사차량이 흙더미를 군데군데 실어 나르며 또 다른 길을 만들고 있었다. "웬

토목공사가 이렇게 많지? 이러다간 도로 공화국이 되겠어!" 옆 동료가 말했다. "국가 경제는 토목공사를 계속해야만 건설경기가 활성화된다."라고 했다. 그래서 4대강 사업도 동시에 발주했나 보다. 간식으로 준비해온 계란이 나왔다. 껍질을 벗겨 하얀 속살에 양념소금을 듬뿍 찍어 한입에 먹어보니 마치 학생시절 소풍 온 기분이다.

탁구는 실내에서 할 수 있는 비교적 가벼운 운동이다. 탁구는 눈과 손목이 동시에 연결되는 순발력과 민첩성이 요구되는 운동이다. 날씨와 계절에 관계없이 언제 어디서나 할 수 있다는 점이 장점이다. 또 상대방과 친밀한 대인관계를 이룰 수 있어 활기찬 생활을 영위하는 데 적합한 운동이다. 그래서 나도 3년 전부터 열심히 해보았지만 기본이 부족한지 실력이 항상 그 자리다.

이번 탁구대회는 전국에서 134개 팀 1,500여 명의 선수가 참가했다. 대회를 치르는 수원 실내체육관은 뜨거운 열기가 가득 찼다. 요란한 플래카드와 응원단 함성이 체육관을 메웠다. 선수들 얼굴에는 비록 주름살이 있으나 굳게 다문 입은 승부욕으로 가득 차 보였다. 우리 팀은 예선전에서 기분 좋은 출발을 했다. 나도 혼합복식에서 1승1패를 했다. 그러나 우리 팀이 준결승에서 승부의 분수령이었던 차례에 믿었던 우리 팀 에이스 선수가 패하는 바람에 탈락했을 때 서운했다. 평소에 좀 더 연습을 많이 할 걸, 나뿐 아니라 모두 후회하는 표정들이다. 스포츠는 대회에 참가하는 데 의미

가 있다고 했지만 패한 쪽은 서운함이 길게 가고, 이긴 쪽은 순간 기분이 하늘로 날아가는 승부 세계다. 우리는 패하는 순간 커피 잔에 빠진 파리의 신세가 되어 일순간에 단맛 쓴맛을 다 맛본 경우가 되었다. 다행히 나이가 들어서 승부에 좀 무덤덤해진 감각을 이런 때는 스스로 위로로 삼아야 할지도 모르지만.

체육관을 빠져 나오면서 가만히 생각해 보았다. 직장을 퇴직하고도 나에게 오늘같이 주어진 하루가 있음을 고맙게 여기고 싶다. 가는 곳마다 풍성한 식탁은 아니어도, 오늘 내가 허기를 달랠 수 있는 한 끼의 식사를 해결할 수 있음에 감사한다. 살다 보면 서운한 경우가 생긴다. 누군가 나에게 경우에 맞지 않게 행동을 할지라도 그 사람으로 인하여 나 자신을 되돌아볼 수 있음을 고맙게 여기고 싶다.

얼마 전 탁구가 소재가 된 영화 〈코리아〉가 만들어져 화제다. 1991년 일본 지바 세계선수권대회에서 현정화, 이분임이 출전한 여자 탁구가 남북한 단일팀이 되어 중국을 물리치고 한반도기를 휘날리는 감동을 연출했다. 오래된 이야기지만 미국과 중국이 핑퐁외교로 관계가 개선되었듯, 우리 남북관계도 스포츠를 통해 가까워지는 계기가 되었으면 한다.

오후 3시가 넘어서 귀향을 서둘렀다. 버스 속에서 침묵이 흘렀다. 달리는 버스 속에서 누군가부터 시작된 노래는 합창이 되어 목청껏 불렀다. 음악은 울적했던 우리 가슴 구석을 훈훈하게 파고들었다. 노래 가사는 입속에서 맴돌아도 곡조는 머릿속에서 신기하게도 되살아났다. 우리의 뇌 세포가 노랫말보다 아마 가락을 더 좋아하나 보다. 음악은 또 옛이야기를 생각나게 했다. 〈그집 앞〉 가곡을 부를 때 나 혼자 좋아했던 그 사람 집 앞에서 서성거렸던 옛날의 기억이 되살아나기도 했다. 우리들은 준비해 간 간식을 간간이 먹으며 2시간도 넘게 합창을 하면서 마음을 달랬다.

'어르신 전국 탁구대회'를 이번에 주관한 한국담배인삼공사의 배려에 감사하는 마음을 가지련다. 대기업의 이익 일부를 사회에 환원하는 일은 언론에서는 쉽게 말하지만, 실천은 쉬운 일이 아닐 것이며, 그 혜택이 우리에게 오다니 반가운 일이 아닐 수 없다.

어렵게 대표선수가 되어 출전했으나 좋은 성적을 못 올려 씁쓸한 기분은 숨길 수 없다. 다음에 또다시 기회가 온다면 지금보다 좀 더 진지한 모습으로 바뀌지고 싶다. 그러나 이번 대회에 참가하는 동안 동료들의 따스한 손길에 감사함을 느끼고, 색다른 경험에 삶의 활력소가 되었다. 서해안 고속도로로 돌아오면서 대천 해수욕장의 넓은 바다를 보며 서운한 마음 한구석을 멀리 던져 버리고 싶다.

문화재 지킴이, 그 후 일 년

한 나라의 호감도는 보존되고 있는 문화재를 어떻게 효율적으로 관리하느냐에 달려있다. 중국의 만리장성은 흉노족의 침략을 막기 위해 주민을 동원하며 힘들게 쌓아 당시에는 비난의 대상이었으나 오늘날 세계적인 문화재로 각광을 받고 있다. 우리나라도 얼마 전 제주도가 세계7대자연경관문화재로 선정되는 쾌거를 이뤘다. 앞으로 관리를 체계적으로 잘하면 세계적 명소가 될 날이 멀지 않았다.

금년 초 문화재청 홈페이지에 들어가 지킴이 봉사에 대한 정보를 알게 되었다. 덕진노인복지관을 이용하는 사람 몇몇이 뜻을 모아 문화재지킴이를 조직하기로 하고 그 명칭을 '온고을 한문화 한 지킴이'로 하였다. 문화재지킴이는 주민의 자발적 참여로 주변의 문화재를 가꾸고, 즐김은 물론 후손들에게 아름다운 유산으로 남을 수 있도록 하는 자원봉사자다. 자원봉사자는 자발성이 요구되고 공익성, 무보수, 지속성, 협동심이 필요한듯하다. 초기에는 방향을 잡지 못해 조금 어려웠다.

문화재지킴이가 만들어지자 회원 간의 일치감이 필요했다. 빨강모자와 노란 조끼를 자비를 들여 단체로 맞춰 입었다. 교육을 받을 때나 행사장에 갈 때 단체로 통일하여 입고 봉사활동을 하여 보니, 학생시절로 되돌아온 듯싶어 서로 보고 까르르 웃었다. 꽃피는 4월부터 본적적인 문화재지킴이 활동에 들어갔다. 우리 한문화 한지킴이는 전주덕진공원 주변부터 시작했다. 추모탑은 공원 구석에 위치하여 인적이 드물다. 일제강점기에 독립운동을 했던 애국열사의 혼을 모신 곳이다. 또 상해 임시 정부 주석이었던 김구와 순국5열사의 혼이 잠들어 있는 황극단 주변을 청결하게 정돈하고 나니 참여했던 우리 모두의 마음부터가 흐뭇했다. 또 이태조의 어진이 모셔 있는 경기전과, 이성계 장군이 조선을 세우기 전 황산에서 왜구를 크게 무찌르고 귀경길에 방문했던 전주 오목대를 찾아 우리의 문화재를 살필 때는, 우리 고장 전주가 자랑스럽기도 하였다. 7월 달에는 덕진공원 수목에 이름표를 달아주었다. 땀을 뻘뻘 흘리며 나무에 올라가 표찰을 거는 모습은 오가는 행인들이 부러운 듯 살펴보며 칭찬을 하였다. 그날 나무에 표찰을 달기 위해 높은 나무에 올라가다 하마터면 연못에 빠질 뻔하는 아찔한 순간도 있었다. 표찰을 달고 보니 공원 주변의 나무들은 이름표를 달고 처음 학교에 입학한 초등학생인 양 즐거워하는 듯하였다. 12월 달에는

우리 지킴이들의 견문을 넓히기 위해 충남 서천에 갔다. 월남 이상재 선생은 조선 후기 사회운동가로 서재필과 함께 독립협회를 만들었고 일본에 대항하기 위해 신간회를 만들어 민족정신을 하나로 만들었다. 서천군 한산면 이상재 선생의 생가를 찾아가는 길을 좁았지만 많은 예산을 투자하여 깨끗하게 관리하고 있었다. 우리 지역 덕진공원도 명소화 사업이 결실을 맺어 좀 더 적극적인 투자를 한다면 전국적인 명소가 될 조건은 충분하다. 그러기 위해서는 우리 지킴이들이 좀 더 참신한 아이디어를 발굴하여 홍보하고, 공원 주변 개발에 좀 더 많은 사업예산 확보가 가장 필요하겠지만….

최근에 인터넷에서 찾아본 전주 신8경은 1.한옥 2.덕진 공원 3.경기전 4.전동성당 5.월드컵경기장 6.풍남문. 7.동물원 8.객사라고 한다.

평소에는 그냥 지나쳤던 전주천에 있는 추천대의 내력도 알게 되었다. 옛날부터 천주천은 모래무지(전주 팔미 중 하나)가 많이 잡히는 곳이다. 이조 성종왕 때 예조참판 등 여러 벼슬을 한 이 고장 출신 이경동이 말년에 낙향하여 낚시를 하며 보람 있게 보낸 역사의 현장을 기념하기 위해 만든 정자로 지방문화재 자료8호가 되어 있었다.

우리 지킴이들은 문화재지킴이 활동을 1년 하고 보니 이제 길거리를 가다가도 주변의 문화재를 다시 한 번 유심히 살펴보는 습관이 몸에 익은 듯하다.

각 지역에 산재되어 있는 문화재는 지킴이뿐 아니라 주민이면 누구나 관심을 가져야 할 일이다. 그러나 우리 지킴이가 먼저 단발성이 아닌 지속적이고 일상적인 지킴이가 되어야 하기에, 앞으로 문화재 관리단체, 지방자치단체인 전주시청의 시스템과 연결해서 활동의 효율을 높임이 중요하겠다.

냅둬

직장을 퇴직하고 보니 우선 몸이 자유로워졌다. 마음은 개운한데 신체적 변화가 놀라울 정도로 빠르다. 개인차가 있겠지만 내 경우, 시력이 떨어져 자잘한 글씨가 잘 보이질 않고, 맛있는 음식도 조금밖에 먹지 못한다. 모자를 눌러 쓰고 거리를 활보하는 사람은 햇빛을 가리고 멋으로 쓰는 줄 알았다. 그런데 실내에서 잠깐 모자를 벗으면 대부분 머리가 반짝거린다. 이마에는 M자가 제법 자기 영역을 넓혀가고 있다. 아버님이 늦게까지 머리숱이 많아 나는 대머리가 되지 않을 것이라고 생각했었다.

단골 이발사가 내 머리를 보고 탈모가 되고 있다고 걱정을 해주었다. 앞머리는 괜찮은 듯싶었다. 그런데 아파트 엘리베이터 거울에 비친 내 뒷모습을 보고 나도 모르게 소리를 지를 뻔했다. 정수리 부분 너머에 원형으로 군데군데 장구통이 만들어지고 있었다.

부랴부랴 이름난 피부과를 찾아갔었지만 효험이 더디었다. 그 뒤 소위 민간요법이라는 '머리 두드리기, 검정콩과 메추리알 먹기, 검정깨 먹기, 유명 샴푸로 머리 감기 등을 해봤지만 별 효과가 없었다. 할 수 없이 종합 병원을 찾아가 반년을 넘게 탈모 치료를 받아보았다. 2주에 한 번 꼴로 병원에 갔다. 머리가 듬성듬성한 피부에 젊은 의사는 주사 바늘을 사정없이 찔렀다. 주사 놓기 시작하면 30여 번 넘게 일방적으로 쪼았다. 머리의 엷은 피부를 주사바늘이 사정없이 뚫을 때마다 깜짝 놀라 온몸이 오싹하며 움츠려진다. 살을 도려내는 듯 아프지만 두 눈을 지그시 감고 이마에 내천

자를 수없이 그려 보았다. 나는 아픔의 순간을 잊기 위해 내 생애의 최고 순간들을 반복해서 회상하며 주사 놓기가 멈추길 기다렸다. 주사를 맞으면 붉은 피가 머리에서 주르륵 흐른다. 간호사가 쪼아댄 부분을 약솜으로 쓱쓱 문지르면 그날 치료는 끝이었다. 유명 병원에서의 치료도 효력이 별로 없었다.

모임에서 친구들이 내 머리를 쳐다보며 "너도 나이가 드니 별수 없구나." 하며 웃을 때면 내 말소리가 작아졌다. 그런데 지인 중 한 분이 훤한 내 머리를 유심히 바라보다 나에게 귓속말을 하였다. 자기 친구가 유명한 피부전문의사로 활동하다가 이제는 병원에서 퇴직을 한 사람이 있다고 자랑했다. 그 친구를 만나면 탈모치료에 대해서 조언을 해 준다기에 반가웠다. 잔뜩 기대를 하며 일주일을 기다렸다. 돌아온 해법이 바로 '냅둬'였다. 나이가 들면 육체의 변화는 자연적인 현상인데 줄어드는 머리카락을 빠지지 않도록 억지를 부리면, 오히려 스트레스가 쌓여 대머리 되는 속도가 더 빨라진단다. 결국 병원에서는 그저 영업상 탈모환자를 계속 모신다는 이야기였다.

그렇다. 살다 보면 걱정거리가 수없이 많다. 그러나 걱정을 내버려두면 오히려 자연적으로 치유되는 일들이 많다. 아장아장 걸음마를 시작한 아기에게는 혼자 걸을 수 있도록 내버려둬야 쉽게 걸을 수가 있다. 놀이터에 재미있게 노는 아이는 그냥 놀이에 열중하도록 내버려둬야 되는데 엄마들은 책상으로 불러들인다.

하기야 탈모가 쉽게 치료된다면 유명연예인이나 재력가들은 걱정할 필요가 하나도 없을 것이다. 나는 두 눈으로 그간 많은 것을 보았으니 이제는 덜 보고 크게 행동하라는 신호인 듯하다. 뱃속의 위는 힘들어 피곤하니 좀 쉬고 싶다고 이빨에게 신호를 보냈기에 치아가 그 모양인 듯하다. 머리카락도 이제는 젊은이와 구분해줄 테니 억울하면 모자를 계속 쓰라고 하는 모양이다.

나이가 들면 운동도 체력에 맞춰 하고 식사도 조금씩 하면서 편안한 마음을 가져야 하는 모양이다. 제분수를 알고 나이에 맞는 일을 찾아 행동하며 신체의 변화를 정중하게 받아들이라는 '냅둬'를 새겨본다.

거울 앞에 서서 다시 한 번 내 얼굴을 바라본다. 자연에서 태어나 한세상 잘 지냈다가 이제는 서서히 다시 자연으로 돌아가고 있는 내 그림자가 저만치 서 있다. 이마에 맺혀있는 땀방울이 이제는 자기 영역을 넓혀가며 그냥 '냅둬'라고 나에게 손짓하며 미끄럼을 타고 있었다.

5월의 광주

우리 역사를 화려하게 수놓은 광주의 5월은 따뜻했다. 광주 북구 운정동 산자락에 깊게 잠들어 있는 영령들은 찾아오는 참배객에게 아무 말도 하지 않았다. 다만 샛노란 리본에 작은 글씨가 빼곡히 새겨져 바람에 펄럭이며 인사를 대신하고 있었다. 커다란 추모탑 중간에 계란을 품고 있는 형상이 새로운 생명으로 탄생하려는 파란 꿈을 꾸고 있었다.

국립 5 · 18 민주묘지를 찾아간 우리 일행과 단체로 찾아온 학생들에게 해설사는 조용하면서도 엄숙하게 설명했다. 이제는 30년이 지났으니 기억이 가물가물하였으나 당시 상황을 귀에 쏙쏙 들어오게 말해주었다. 한 사람의 18년 동안 장기집권이 마감되는 1980년도 초에 또다시 몇몇의 정치군인들은 권력에 야심을 품고 전국에 비상계엄령을 선포했다. 전남대학교 교문에서 등교하려는 대학생과 계엄군과 충돌이 5·18의 시작이었다. 그 과정에서 많은 시민들과 학생들이 광주 금남로로 모여들었다. 계엄령 철폐를 외치는 시민과 제지하는 군인과 충돌이 점점 커졌다. 처음 사망자가 발생하는데 대상자가 27세의 농아자였다니 울분이 터졌다. 총칼로 무장한 공수부대원의 제지를 제대로 파악하지 못했던 벙어리를 반항아로 여겨 곤봉으로 두들기니 실신하였다. 실신한 사람은 트럭에 실려 짐짝취급을 당하다 결국 사망하게 되었다는 대목에서는 나도 모르게 눈물이 났다.

묘지를 한 바퀴 돌아봤다. 묘소에 있는 영정 중 10여 명은 중고등학생 교복을 입고 천진하게 웃고 있는 모습이 애처로웠다. 그들이 과연 무엇을 잘못했기에 10대 어린 나이에 희생이 되었을까, 무장군인이 곤봉으로 내리칠 때 공포와 육체의 아픔은 어떠했을까? 하루아침에 자식을 잃어버린 부모의 심정은 어떠했을까? 어느 누가 무슨 말로 자식 잃은 부모마음을 위로할 수 있을까? 세월이 흘러도 엄청난 희생에 책임질 사람은 하나 없이 책임회피에만 열을 올리지 않았던가. 기성세대의 희생물이 되어버린 그들에게 우리는 어떻게 보상해야 한단 말인가. 신神이 있다면 광주의 영령들과 함께 당시 발포명령을 한 당사자에게 엄한 벌을 내려야하는데, 그러질 못하는 것을 보니 아마 신도 망령이 들었나 보다. 그 뒤 5·18이 민주항쟁으로 인정 받기 위해 20여 년이 더 소요되었다. 세월이 흐르면서 잊혀가는 진실을 사실대로 전달해야 한다는 사명감을 가지고 있다며 해설사는 진지하게 설명했다.

나는 1980년도 5월에 무주에서 직장생활을 하는 30대의 젊은 샐

러리맨이었다. 그 당시 신문과 방송에서는 광주 민중 항쟁을 불순 분자의 선동으로 폭동이 일어났다고 연일 선전했기에 당시에는 많은 사람들이 그렇게 믿기도 했었다. 당시 계엄령으로 통제된 언론이 항쟁의 진실을 사실대로 보도하지 않고 광주시민들을 폭도로 매도하면서 광주는 완전히 고립되어 다른 지역에서 출입도 제한되었다. 이에 분노한 시민들이 항의하는 과정에서 광주MBC는 5월 20일 밤에 불에 탔다. 다음날 새벽 KBS와 세무서도 화재가 발생했다. 이는 국민이 내는 세금이 국민을 짓밟는 계엄군을 유지하는데 사용되는 것에 대한 항의와 응징의 표현이었단다.

5·18민주화 운동의 뜨거웠던 현장을 안내해설자와 함께 걸으며 오월의 역사, 민주주의 역사, 사람의 역사를 느꼈다. 금남로 거리 등 28개소의 답사 코스가 있으나 우선 항쟁이 치열했던 10개소를 걸었다. 금남로의 미원탑 아래서 투석전을 하면서 밀리고 쫓기던 흔적은 모두 사라지고 정확한 장소는 어디쯤인지 구분할 수는

없지만 해설사의 자세한 설명으로 TV에서 보았던 기억의 장면들이 되살아났다. 완전 무장을 한 계엄군과 그 옆에서 곤봉세례 받은 젊은 청년들을 속옷만 걸치고 두 손 들고 가는 초라한 모습의 행렬이 눈에 선했다.

당시 계엄군과 맞서는 시민군이 형성된다. 시민군으로 도청을 기점으로 최후까지 계엄군과 대항하다 몇 사람은 죽음으로써 생을 마감한다. 책임자의 최후의 한마디가 우리의 가슴을 다시 뭉클하게 만들었다. 어차피 자기는 죽음으로 자신의 진실을 저들에게 보여주겠으니, 부녀자와 가족이 있는 사람을 도청에서 먼저 내보내며 먼 훗날 역사의 증인이 되어 달라고 했단다. 역사의 현장인 도청(옛 자리)의 허름한 건물 벽은 당시의 상황을 말해주듯 총탄 자국이 선명하였고, 분수대는 열띤 대화를 가슴에 간직한 채 민주광장으로 명성을 지키고 있었다.

광주는 5월의 답사 길을 지정해 놓았다. 한 지역을 들를 때마다 자세하게 설명해주는 해설사들의 이야기를 들으면서 마치 내가 그 시절에 그곳에 있는 듯한 착각 속에 울분이 터져 다시 한 번 자신을 되돌아보게 만들었다. 광주의 5월의 길은 민주성지다. 민주성지로 유네스코에 기록이 올라가있어 세계 민주주의의 역사에 오랫동안 기억되어 다시는 이런 아픔이 반복되지 말아야 될 불멸의 땅이다.

채찍과 당근

직장에서 퇴직하고 나면 한가로울 줄 알았다. 그러나 관심을 갖고 주변을 살펴보면 할 일들이 대추나무 밑에 떨어진 열매마냥 사방에 널려있다. 허리를 조금 숙이고, 눈을 크게 뜨고 주변을 살펴보면 아직도 먹음직스러운 일거리가 수두룩하다. 이제는 생활패턴이 월 단위가 아니고 일주일 간격으로 바쁘게 돌아가고 있다.

월요일은 원래 방긋방긋 웃는 날이다. 노인복지회관에서 풍물놀이 중 장구를 배우고 있다. 우리가락인 풍물에서 휘몰이와 오방짓굿 가락을 칠 때면 나도 모르게 어깨가 들썩인다. 처음에는 장구치는 일이 우리의 것이기에 쉬운 줄 알았지만 조금 가락을 알고 나니 장단맞추기가 쉽지 않았다. 배우기 시작한 지 2년이 넘었지만 앞으로 3년쯤 더 두들이면 될 것도 같다. 자잘한 걱정거리를 장구에 매달아 놓고 신나게 두드리고 나면 머릿속이 개운해진다. 어서 장구를 잘 두드리는 풍물단원이 되어서 마을 어른의 7순 잔치와 8순 잔치에 찾아가 신명나게 장구를 두드리고 싶다.

화사하게 웃는 화요일은 '문화해설사' 일을 한다. 노인 일자리 사업으로 공개경쟁 시험을 보아 합격하여 일을 하며 작은 보수를 받고 있지만 보람을 느낀다. 그간 공직생활을 마치고 이제는 관광객을 안내하며 봉사한다는 자부심을 갖게 되어 자랑스럽다. 연꽃 향기가 그윽한 전주 덕진 공원에 찾아오는 손님에게 전주 역사와 공원의 배경을 설명한다. 덕진 연못은 고려시대에 인공으로 제방을 쌓았다. 전주가 번영하려면 북쪽이 기세氣勢가 약해서 제방을 쌓아서라도 흐르는 기를 막아보려는 풍수지리의 차원에서 만들어졌다. 90,000㎡(3만 평)가 넘는 호수에는 연꽃이 만발하다. 연못 분수대에서는 시원한 물줄기가 하늘 높이 솟아오른다. 연꽃방죽을 가로지르는 현수교는 어두워지면 조명으로 오색 찬란한 옷으로 갈아입고 자태를 뽐낸다. 관광객에게 공원의 이것저것을 설명하면 관광객은 왜 그리 바쁜지, 간단히 설명하라고 재촉한다. 바쁘게 사는 그들을 보면 내 젊은 시절 데이트 하던 일이 생각난다. 40여 년 전 이곳 덕진 연못에서 둘이서 보트를 탔다. 그날 바람이 몹시 불었다. 두 손으로 부지런히 노를 저어 봤지만 우리가 탄 보트는 불어오는 바람에 떠밀려 멀리 구석에 처박혔다. 구조 보트가 달려와 끌어내주니 동승했던 여인 얼굴 보기에 창피했었다. 그 여인도 지금은 어느 하늘 아래서 나와 같이 추억을 더듬고 있을지 모르겠다.

수수하게 웃는 수요일에는 등산을 간다. 주로 가까운 익산 미륵산에 가지만 가끔은 버스를 타고 타도의 명산을 찾아간다. 정상에 올라 뒤돌아보면 꼬불꼬불한 산길이 지나온 세월같이 여겨져 다시 한 번 더 바라본다. 하산하여 맥주 한 잔 시원하게 마시고 동료들과 담소를 나눈다. 많은 사람들의 살아가는 모습이 술안주의 대상이 되기도 한다. 사회지도층과 유명 연예인이 자기 본분을 지켜 일할 때 박수를 받으며, 바르게 평가받는 밝은 사회가 된다면 좋을 텐데….

목이 터져라 웃는 목요일은 노인복지관에 나가 탁구를 친다. 라켓을 들고 노란 공 하나면 둘이서 땀 흘리며 운동을 할 수 있다. 나는 직장생활을 할 때 주로 의자에 앉아서 사무 보는 일을 40여

년간 했다. 이제는 움직이며 활동하는 일을 하고 싶었다. 탁구는 오랫동안 랠리(rally)가 오가다 내가 스매싱한 볼을 상대가 받지 못할 때 통쾌하다. 어느 때는 상대가 서비스를 넣을 때 쩔쩔매는 나는 상대에게 기쁨조가 되었을 것이다. 성인들의 운동은 나만의 기쁨이 아니라 내가 실수를 하면 상대에게 기쁨을 주어 함께 웃으니 좋다. 나는 아직 탁구를 능숙하게 치지는 못하지만 주변에서 탁구 실력이 향상되었다고 칭찬을 할 때 어린이같이 기분이 좋아진다. 그래서 칭찬하면 고래도 춤춘다고 하나 보다.

금요일은 금방 웃고 또 웃는 날이다. 오후에는 문우회 사무실에 간다. 정년퇴임을 한 동료들이 모여서 컴퓨터도 배우고 바둑을 두며 커피를 타 마시며 살아가는 이야기를 나눈다. 팔불출이 되어 손자, 손녀를 자랑하고, 며느리와 자식한테 서운했던 일을 하소연한다. 우리끼리 하는 말이라고 쉬쉬하며 허물없이 불평을 털어 놓으면서 스트레스를 해소하고 서로 고개를 끄덕여본다.

토실토실 웃는 토요일과 일상적으로 웃는 일요일은 청첩장을 보며 결혼식에 찾아간다. 나는 다행히 자녀를 모두 결혼시켰지만, 적령기가 넘었어도 아직 미혼 자녀를 둔 친지들을 보면 걱정이 된다. 그러나 당사자인 자녀들은 부모의 걱정거리는 아랑곳하지 않는 듯하다. 또 일요일에 가끔 집으로 찾아오는 손자를 본다. 손자는 가까운 익산에 살고 있다. 초등학교 4학년이 되니까 태권도도 유단자가 되어야 하고 외국어 공부도 벌써부터 하느라 시간이 없어 할아버지와 같이 놀 시간이 없어 조금 안타깝다.

퇴직 후 눈을 조금 크게 뜨면 주변에 많은 일들이 기다리고 있다. 젊은 날에는 솔직히 주변을 의식하고, 채찍이 두려워 일했던 생각이 난다. 그러나 지금은 해야 할 일을 내가 직접 찾아 실행에 옮길 때 일거리 자체가 커다란 당근이 된다. 우리 집 창문에서 앞집을 바라보니 아파트 화단에 휴지가 바람에 날리며 나에게 사인을 보낸다. 내일 아침에 조금 일찍 일어나 맑은 공기를 마시며 아파트 화단에 화사하게 꽃들과 인사를 나누며, 쓰레기가 자기 자리로 가도록 안내를 해야겠다.

해상왕 장보고의 전성기

중국 당나라에 건너간 장보고는 무예에 자질이 넘쳤다. 군에 입대하여 고구려 유목민 출신인 이정기李正己난을 진압하는 데 공을 세워 장교가 되었다. 당에서 귀국한 뒤 장보고는 신라 흥덕왕에게 해상의 중요성을 건의했다. 당시 서남해안에서는 해적들이 출몰하여 신라인을 강제로 잡아다가 노예로 팔아먹거나 무역선을 약탈하는 일이 많았다. 장보고는 왕의 허락을 얻어 전남 완도 청해진에 1만 명의 군사를 확보하여 군사적 기지를 세워 서기 828년에 청해진 대사로 임명된다. 장보고는 청해진을 건설한 후 해적을 소탕하고 서해안의 해상권을 장악하였다. 그 무렵 신라에서 당나라로 수출하는 물품은 주로 화전花氈(꽃모자) 등의 토산품과 고급직물과 인삼 등이었다. 수입품은 신라 귀족들이 이용하였던 향료, 안료, 염료였다. 장보고는 무역활동과 함께 외교교섭까지 벌였다. 중국

산동성에 법화원을 세운다. 이곳에는 쌀 500석을 수확하는 장전莊田이 있었으며 많은 승려가 머물며 정기적으로 법회를 열고 청해진과의 연락기관 역할도 했다. 문성왕 2년에 견당매물사遣唐賣物使의 인솔 하에 교관선交關船을 당나라에 보내어 교역을 활발히하였다. 또 일본에는 무역선과 함께 회역사廻易使를 파견하여 공물을 교환하였다. 당나라로 유학한 일본 승려 엔닌[圓仁]은 장보고에게 서신을 보내와 자기들의 안전한 뱃길 귀국과 일본인의 해상활동을 보살펴 줄 것을 부탁하였다. 지금도 일본 교토[京都]의 삼정사三井寺에 장보고의 목상이 있어 참배객들이 신성시하며, 일본 천태종의 본부 사찰인 연역사延歷寺에 장보고 대사의 비가 있다. 이 비석에는 장보고 대사가 일본 해협을 건너 교토에서 활동한 공적이 새겨져 있다. 해상의 약탈자를 쫓아내고 일본과 무역을 통해서 양국관계가 우호적이었음을 보여준 귀중한 자료인 셈이다. 청해진은 일본, 신라, 당을 잇는 해상교통로에서 그의 위세가 국제적으로 인정되고 있었다. 장보고는 통일신라 흥덕왕에서 문성왕시대까지 5대에 걸쳐 통일신라 말엽 정치적 소용돌이 속에서 살았다. 신라 왕위계승은 진골 간의 대립이 심했다. 청해진 설치를 허락한 흥덕왕이 별세하자 신라 43대에 희강왕이 오른다. 이때 권력다툼에 밀려난 김우징金祐徵(후에 45대 신무왕)이 실력자인 장보고를 비밀리에 찾아간다. 43대 희강왕은 재차 왕위를 둘러싼 분쟁이 터져 피살되고 만다. 44대 왕에 민애왕이 즉위하였다. 때를 기다리던 김우징은 838년 장보고의 군사 5천 명을 지원받아 서라벌에 진군하여 민애왕 몰아내는 쿠데타에 성공한다. 결국 김우징은 45대 신무왕으로

등극한다. 장보고 대사는 김우징이 신무왕으로 오르는 데 일등공신이 된 셈이다. 신무왕은 장보고를 감의군사感義軍使에 임명한다. 그리고 왕으로부터 식실봉이천호食實封二千戶의 경작권을 받았다. 신무왕은 또 장보고의 따님(난희)을 자기 아들 경흥의 태자비로 맞이하겠다고 약속한다. 그러나 불행하게도 신무왕은 재위 3개월 만에 등창이 발생하고 6개월 만에 병사한다. 신무왕이 병사하자 아들 경흥태자가 46대 문성왕에 오른다. 문성왕은 장보고의 따님(난희)을 약속대로 두 번째 왕비로 맞이하려 하자 대신들의 반대가 거셌다. 반대 이유는 장보고가 해도인海圖人(뱃사람)이라는 구실을 내걸었지만, 사실은 장보고의 세력이 중앙정부를 위협할 정도로 힘이 더 커져가는 것에 대한 견제심리가 작용했을 것으로 여겨진다. 중앙정부는 무력으로 청해진을 억제할 능력이 없었다. 이 무렵 조정에서는 장보고의 부하였던 염장閻長을 끌어들인다. 밀사가 된 염장은 장보고 진영에 들어가 밤늦게 둘이서 술을 마신다. 장보고는 술을 넙죽넙죽 받아 마시는 데 비해 염장은 술을 상 밑에 쏟으며 장보고의 의중을 떠보며 암살의 기회를 엿본다. 눈치를 채지 못한 장보고는 시국의 불만을 염장에게 털어 놓는다. 염장은 칼로 내리쳐 살해하고 청해진을 인수받는다. 결국 장보고는 아끼던 부하에 의해서 서기 841년 51세에 억울하게 비명의 죽음을 당했으니 그토록 아꼈던 바다는 한마디 말도 없었다. 그 뒤 청해진은 쇠약의 길로 들어가고 장보고를 따르는 주민은 벽골군(지금의 김제)으로 옮기고 만다. 그래서 역사는 승리자의 기록이라고 하는가 보다. 장보고는 해상활동이 한동안 햇빛에 가려져 버렸다. 이제 다행히 장보고의 해상활동이 부국강병의 업적으로 수면에 부각되어 다행스럽다. 장보고의 건의에 의해 828년(흥덕왕3년) 설치되었던 청해진은 장보고의 사망으로 쇠퇴의 길로 접어든 841년까지 13년간의 화려한 번영의 시대를 남기고 역사의 무대에서 한동안 자취를 감추었다. 장보고가 화려하게 해상권을 잡고 막강하였을 때 김우징을 도와 왕위를 오르게 하는 동안 장보고는 한반도를 중심으로 중국 대륙과 일본 열도를 잇는 삼각 중개무역의 중추적 역할을 하였다. 이 시기가 실로 군사력을 바탕으로 동북아시아 해상무역권을 석권하였던 장보고의 해상왕국 전성기였다.

그때가 좋았지

월급 받는 날은 즐거운 날이다. 월급날은 아침부터 전날의 피로가 달아난다. 출근길 논두렁의 참새가 즐겁다고 노래 부르는 날이다. 회사 앞 가게 집 아줌마도 아침부터 거울을 쳐다보며 환한 미소를 지어본다. 중국집 배달부 떠꺼머리 총각도 두툼한 외상장부를 점검하고 오늘 목돈이 들어올 것이라고 잔뜩 희망에 부풀어있다. 식당 집 아줌마는 목돈이 되면 아들놈 장가 밑천으로 한목 떼어놓고 고생한 남편 보약도 한 첩 해줘야겠다고 벼르는 날이 직장의 월급날이다.

그달 월급을 타서 직장 앞 음식점 가게의 외상값을 갚으면서 동료 몇 사람과 텁텁한 막걸리를 마신다. 맥주도 좋다지만 우리 술인 막걸리가 여름에는 제격이다. 막걸리를 마시고 나면 트림이 나와 옆 사람에게 불쾌감을 주어 조금 미안하다. 그러나 술을 마시면 얼굴이 붉어져 수줍은 총각으로 되돌아온 듯 기분이 야릇하다. 퇴근 후 집에 갈 때는 고기 한 근에 과일을 사가지고 집사람에게 자랑을 한다. “오늘 저녁식사는 가족들과 맛있는 음식으로 한번 해봅시다.”라며 으스대던 기억이 떠오른다.

그런데 가끔 봉급날 사고가 나기도 한다.

당시에는 승용차가 거의 없었다. 자전거의 뒷바퀴 위에 고무줄에 묶인 돈 뭉치가 허망하게 풀려 천 원짜리가 낱장이 되어 바람에 휘날리어 날아가는 사고가 보도되기도 했다. 또 은행 창구 앞에서 소매치기가 동전 몇 닢을 바닥에 일부러 떨어뜨려 놓고 “당신이 떨어뜨렸다.”라며 정신을 산만하게 해놓고 날치기해가기도 했었

다. 어느 직장에서는 담당자가 은행에서 봉급 수령하여 오다가 은행 문 앞에서 몽땅 소매치기를 당하기도 하였다. 봉급날 분실사건이 전국적으로는 매달 한두 건 넘게 발생되어 우리를 씁쓸하게 만들기도 한다.

내가 당한 실수담 하나, 나는 직장에서 병아리 시절 봉급을 담당하는 회계실무자였다. 뭉칫돈을 찾아 은행 문을 나설 때 안면이 조금 있는 사람이 아는 체를 하면 불안했다. 뭉칫돈을 들고 급한 손님 만나 다방에 들러 차 한 잔 마시고 찻값을 서로 내겠다고 했다. 그러다가 돈뭉치는 테이블 밑에 놓고 깜박 잊고 빈손으로 다방 문을 나섰다가 되돌아가서 다시 찾아온 기억이 난다. 50여 명의 봉급이었으니 분실했으면 그 뒤 어찌 되었을까?

그러나 요즘 봉급날은 싱겁다. 한 달 내 직장일은 내가 하는데 봉급은 통장으로 들어간다. 봉급은 결국 재무부 장관(집사람)한테 모두 가버려 당사자인 나는 결재를 얻어야 푼돈을 얻어 쓸 수가 있다. 은행 일 전산화 처리는 조금 이해가 가지만 요사이 봉급쟁이는 "그때가 좋았어!" 하며 혀를 끌끌 찬다. 향수에 젖어 추억을 먹고 사는 우리들은 봉급날 야! 지난날이 그립다고 쓴웃음을 날린다.

<봄, 눈> 영화를 보고 나서

복지관 동아리 모임에서 영화를 관람했다. 가슴 찡한 내용의 영화였다. 어느 가정이나 어머니가 차지하는 비중이 절대적이다. 그런 어머니가 병원에서 암이라는 선고를 받고 나서야 가족들은 뒷북을 치고 야단법석을 떨며 어머니의 고마움을 비로소 깨닫게 된다. 치료과정에서 가족 모두가 지난날 자신의 행동을 후회하며, 가슴을 파고드는 말 한마디 한마디에 관객은 주르륵 흐르는 눈물을 억제하지 못했다. 시한부 인생임을 스스로 알고 주인공 아내는 세탁기 사용 방법을 남편에게 알려 준다. "나 없더라도 옷을 깨끗이 빨아 입고 다녀요." 나는 이 장면에서 눈물이 왈칵 쏟아졌다.

전주 메가월드 영화관의 위치는 얼마 전까지도 전주의 모퉁이였는데 이제는 주변에 상가를 조성하고 상가건물 위에 멋진 영화관이 세워졌다. 단체로 영화 관람하였던 학생 시절도 벌써 40년이 지났다. 그 당시에는 영화 관람한다면 설렘이 있기도 했었다. 그러나 이제는 상영 중 어둠 속에서 화장실 찾느라고 애를 먹었다고 어느 동료가 실토하기도 했다.

어느 가정이나 그 집 살아가는 모습을 깊이 들여다보면 걱정거리가 있기 마련이다. 다만 일일이 내색을 하지 않고 살아가기 때문에 그냥 하루가 구름 가듯 흘러가고 있다. 화려하게 보이는 시장, 군수님의 가정도 우리가 알지 못하는 사연이 아마 가정마다 장롱 속에 깊이 숨어 있을 것이다.

영화 주인공 배우 윤석화의 눈물연기도 실감이 났다. 그 여배우가 10여 년 전 학력위조라는 사생활의 아픔을 겪고 나서 그 고통이 묻어난 것일까? 아니면 그 아픔으로 더욱 성숙한 내면의 연기가 묻어나서 우리 집 이야기 같았는지도 모른다.

어느 연세가 높은 관객은 영화가 끝나지도 않았는데 일어서서 도중에 나갔다. 나중에 알고 보니 마지막 장면에 주인공이 고통스럽게 죽어갈 것 같은 예감 때문에 아예 그 장면을 보지 않으려고 도중에 영화관을 나와 버렸다고 했다. 죽음이란 누구나 피해갈 수가 없다며 평소에는 큰소리쳐보며 의젓해 보려 한다. 그러나 막상 내 코앞에 닥치면 지푸라기라도 잡아 보려는 심정이 인간의 기본 심리인 듯하다. 〈봄, 눈〉 영화에서도 담당의사와 보호자가 병실에

서 대화를 나누면, 생기가 없던 환자도 귀를 쫑긋 세우고 눈동자는 커지며 표정이 갑자기 날카로워지는 모습이 애처롭다. 그러나 〈봄, 눈〉 영화에서의 마지막 이별은 또 다른 삶이 아름답게 기다리고 있다는 메시지를 전하려고 한듯하다.

인간은 결코 죽지 않을 수 없다. 한 시대를 풍미했던 영웅호걸도 모두 떠나갔다. 나도 가정을 이뤘고 사회를 구성하여 나름대로 열심히 살았다. 내 자식이 다시 사회를 발전시키고 즐겁게 살며 작은 보람으로 삶을 영위할 것이다. 그러다가 다시 손자에게 다음 사회를 물려주며 돌고 돌아가는 윤회생사가 우리 사회다. 부모가 항상 건강하게만 살 수도 없고 또한 동방삭이처럼 오래 살 수는 없는 일이다. 아마 그렇게 된다면 지구가 숨이 막힐 것이다. 그러나 인간이 태어나서 생로병사를 겪으면서 뿌리는 씨앗이 이웃에 이정표가 되고, 주변사람에게 경고장을 내미는 매력을 주고 있는 듯하다.

누구나 화목한 가정을 원한다. 우리 집 기둥인 아내도 오랫동안 건강이 좋지 않았다. 젊었을 때는 건강에 대한 고마움을 모르고 살았으나 이제 나이가 드니 몸이 좀 불편하고 삶에 대한 의욕이 떨어져 건강이 조금씩 나빠져 가고 있다. 지난해에는 충청도 충주호에 있는 요양병원에 1개월 넘게 입원하여 당뇨치료를 받았다. 그런데도 나이가 들어서 그런지 회복의 속도가 더디다. 이제는 아내가 주로 하였던 가사일을 지금보다도 조금 더 많이 챙겨야 하겠다. 어서 쉽게 회복되어 보행이 자유스러워졌으면 좋겠다. 가까운 제주도나 멀지 않는 나라에 여행이라도 함께 갈 수 있었으면 좋겠다. 내가 먼저 상대 입장이 되어 한 번 더 생각하고 서로 이해하고 감싸며, 그렇게 살다 보면 언제인가 나도 가정에서 작은 보람과 행복을 느낄 수 있을 것 같다.

가을-노랑

감동이 넘치는 자료

나는 행복한가? 길거리에서 예쁘장한 소녀가 구걸을 하고 있다. 한 푼 던져주는 아저씨의 손길에 고개를 연거푸 숙이며 감사하고 있다. 아래 부분에 만일 당신이 한 달에 받는 보수가 적다면 저 소녀를 보라고 지적하고 있다. 한 장의 사진이 주는 감동이지만 우리 주변을 한번 되돌아보게 하는 사진 메일로, 감동이 넘치는 자료로 손색이 없다.

한쪽 다리가 절단된 남자가 의족에 의지한 채 자전거를 끌고 외롭게 집으로 가고 있다. 아래 부분에 당신이 삶을 포기하고 싶으면 저 사람을 보라고 외치고 있다. 우리나라는 자살률이 세계 1위를 달리고 있다. 사실은 본인만 조금 노력하면 문제가 해결되고 평범하게 살 수 있으며, 죽음을 결심한 용기만 있으면 못 이룰 것이

없는데도 왜 그런지 모르겠다.

낭떠러지기가 보이는 산 중턱에 낡은 다리의 옆줄을 잡고 조심스럽게 건너 시장가는 마을 사람들이 있다. 어린아이를 등에 업기도 하고 짐 보따리를 지고 다리를 건너기도 한다. 사진을 보는 내가 더 아슬아슬하다. 그러나 우리는 모처럼 가는 시골길이 아직도 포장이 안 되어 바람만 불면 먼지가 날린다고 불평하지 않았는지 한 번 더 생각해 보고 싶다.

필리핀 중년 남자인 듯싶은 사람이 자전거에 리어카를 매달아 커다란 짐 7개를 2층으로 눌러 싣고 조심스럽게 시장을 향하고 있

다. 백발이 된 할머니가 지게에 물건을 한 짐 가득 지고 시장으로 가고 있다. 아마 그들은 운반비를 받아 생활하고 있는 듯싶다. 좋게 보면 아직 건강하여 부럽기도 하지만 어쩐지 넘어져 큰 사고라도 날 것 같아 불안하다.

"생애에 불편한 일이 지금 당신 앞에 다가온다고 해도 바로 불평하지 말고 숙명으로 받아들여 조금씩 풀어가면서 여생을 즐기십시오!"라고 메시지를 남긴다.

화면이 바뀌어 당신은 공부하기 싫습니까? 메시지를 던진다. 까만 얼굴의 어린이들이 맨땅에 앉아 손가락으로 모래 위에 글씨를 쓰며 배우고 있다. 한 나라의 교육수준은 그 나라 문화수준의 척도다. 아프리카의 미개발국이 하루빨리 교육 시설이 나아져야 할 텐데 걱정이다. 우리의 교육이 이제는 입시위주가 아닌 개성을 살리는 교육으로 점차 방향을 잡아가고 있어 다행이다.

한 끼 식사로 당신은 햄버거가 싫습니까? 그 사진 옆에는 아프리카의 엄마가 아들을 업고 한 손에 깡통을 들고 배급받으러 줄을 서서 먼 산을 바라보며 차례를 기다리고 있다. "부모의 보살핌이 귀찮으십니까?"라고 문제를 던져놓고 갈비뼈가 앙상한 모습의 모자母子가 남루한 옷차림으로 보듬고 있다. 옆 사진에는 아빠가 딸이 귀여워 다가가는 모습에 당사자인 딸은 귀찮은 듯 고개를 숙이고 있다.

나이키가 좋으냐? 아디다스 신발이 좋으냐고 갈등을 겪는 아이가 있다. 그러나 뜨거운 열대의 나라에서는 다르다. 음료수를 먹고 버린 플라스틱 병 두 개를 눌러 쭈그려서 끈을 Y자로 매달아 신발로 신고 다니는 아프리카 아이들의 모습이 나온다. "우리는 평범한 일에도 옆 사람의 시선을 의식하며 가당찮은 불평을 하는 일이 많다."라는 메시지를 던진다.

여러분 아직도 불평할 게 더 남아 있나요? 여러분 주위를 살펴보십시오. 잠깐 머무는 이 세상 모든 것을 좀 더 다른 각도에서 생각해 보면 감사하는 마음이 나오기도 할 것 같네요. 대부분 현대인은 낭비와 부도덕에 끝없는 방황이 반복되는 듯싶어 안타깝단다. 행복은 커다란 것이 아닌 바로 당신의 평범한 일상이라는 것을 모르고 지낸다.

이제 나부터 불만은 가지되 그 불만을 표출하는 불평을 줄이고 지금보다 더 많이 이웃과 가진 것을 나누도록 하자고 다짐한다. 이웃을 만나면 웃음을 보내고 내 주변의 쓰레기를 얼른 줍는 작은 봉사활동을 하면서 말이다. 사노라면 불만은 있기 마련이다. 불만이 있으면 더 나은 제도나 연구가 필요한 것이기 때문에 불만은 가질 수 있다. 그러나 작은 불만을 즉각 나타내며 분위기를 흐려놓는 불평은 아니 될 일인 듯싶다. 평범한 나날을 보내는 나는 작은 메일 그림 몇 장이 나에게는 글을 쓰도록 감동을 받았다. 이제는 좀 까다로운 일이 나에게 찾아온다면 상대의 처지를 내 입장으로 바꿔 긍정적인 마음을 가져보는 연습이 필요한 것 같다. 알고 보면 잠깐 머물다 가는 허무한 세상, 우리는 가진 것에 감사하면서 매사를 긍정적으로 살아가야 하겠다.

사각지대

승용차를 운전하다 하마터면 충돌 사고가 날 뻔했다. 2차선으로 달리다가 약속시간에 맞추려 조금 빨리 가고 싶었다. 차선을 바꾸기 위하여 백미러를 보고 나서 핸들을 꺾는 순간, 옆에서 번개같이 봉고차가 나타나 급하게 핸들을 돌려 아슬아슬하게 사고를 모면했다. 백미러는 바로 뒤에서 오는 차량은 볼 수 없는 단점이 있다. 운전 중 사각지대를 못 봐서 나는 사고가 30%를 차지한다고 하니 주의할 일이다.

선거철이 지났다. 우리 손으로 뽑은 선량들은 대부분 앞만 보고 운전하는 것 같다. 시민들은 현실에 불만이 있지만 대부분 인내하면서 그저 그렇게 살아가고 있다고 여기는듯하다. 전주 시내버스 기사들이 오랫동안 파업에 들어갔다. 하필이면 시민들이 볼모로 잡힌 점은 더욱 억울하다. 파업으로 버스가 드문드문 다니니 발이

묶여 결국 시민들이 고스란히 피해를 보고 있다. 기사들의 목소리가 자기들의 이익을 위해 사각지대에 불쑥 튀어나온 것이라고 여기지만 말고, 역지사지의 입장이 되어 봤으면 한다. 때로는 파업이 사사로운 이익단체의 이익을 대변하는 것 같이 가끔 혼란스러울 때도 있다. 하지만 시내버스 파업에서는 고된 노역을 하는 운전기사가 약자다. 이제는 약자에게 따스한 햇살이 비치도록 하는 상생의 방안이 나왔으면 좋겠다.

청사가 좀 낡고 비좁다고 빚을 많이 내어서 커다란 집을 짓는 자치단체가 있었다. 또 기존 도로가 아직 쓸만한데 새로운 도로를 내는 경우도 많다. 유럽의 그리스나 스페인은 부도 직전까지 가서 결국 국제 금융의 부채가 많은 나라가 되었다. 우리도 얼마 전 IMF를 겪었지만 또다시 오지 말라는 법은 없다. 충분한 협의와 장기적인 예측도 없이 일사천리로 일을 저질러놓고 오히려 으스대는 경우가 많다. 아마 일을 처리한 지도자는 주변으로부터 결단성 있는 인물로 평가받기를 원하고 있는 것 같다. 많은 예산이 투입된 4대강 사업도 갑론 을론이 많았지만, 이제는 마무리 단계이니 앞으로 좋은 결과가 많이 나타나 후한 평가가 내려졌으면 한다.

하동, 담양 등 몇몇 도시는 슬로시티(slow city)를 내세운다. 모든 일을 빨리빨리만 주장하는 우리의 습성을 느림의 철학으로 조금 다른 각도에서 바라볼 일로 바람직한 현상이다. 작은 일이든 큰일이든 대부분의 일들은 이해당사자와 협의하여 최대공약수를 찾아 일을 처리했으면 좋겠다. 그래야 뒷이야기가 곱게 피어난다. 망망대해를 헤치고 달리는 돛단배는 순풍이 불어야 항구에 무사히 도달할 수 있지 않을까?

나를 한번 둘러봤다. 아직도 사회에 혜택만 입고 살았지 내 뒤에서 있는 사람을 살펴보지 못했다. 가끔 축제장을 찾아간다. 마음이 들떠 있을 때 뒤쪽에서 불쑥 손을 내미는 허름한 옷차림의 사람들. 또 지하도 어둑어둑한 길목에서 쭈그리고 앉아 구걸하는 사람들. 나는 그들에게 한번이라고 따스한 눈빛을 준 일이 있는가. 오히려 그들에게 '떳떳하게 활동해서 살아야지.' '왜 저렇게 사는 거야.'라고 얼마 전까지도 비웃기만 했다.

이역만리 먼 한국에 시집와서 살고 있는 이방인들이 많다. 그들을 신기한 눈으로 바라만 보았다. 우리 주변의 사각지대에 살고 있는 그들에게 언제 한번 따뜻하게 마음이라도 열어 본 일이 있던가? 아마 나도 이제는 나이가 들어 몸도 마음도 무거워 그러는 것인지, 아니면 이제야 조금 철이 들어가는지 모를 일이다.

나는 지금까지 사회 혜택을 받으며 직장생활을 했다. 이제는 말이 아니라 작은 실천이 중요하다. 거창하게 큰 일을 하기는 내 능력으로는 사실상 어려운 일이다. 그렇다면 작은 일부터 시작을 하고 싶다. 아침에 만나는 사람에게 내가 먼저 웃으며 인사하는 습관을 기르고 싶다. 먼저 가볍게 인사를 하면 상대방도 방긋 웃어주어서 하루 종일 나를 기쁘게 해 줄 것이다. 친구와 대화할 때도 내 이야기는 줄이고 상대의 이야기를 열심히 듣는 사람이 되고 싶다. 상대방은 더욱 신이 나서 열심히 이야기할 테니까. 길을 걷다가 바람에 날리는 종잇조각도 비닐 주머니도 가끔 줍고, 쓰레기 분리수거를 가족에게만 미루지 말고 나부터 실행하고 싶다. 아파트 출입구를 날마다 청소를 하는 아줌마를 만나면 내가 먼저 "안녕하세요!"라고 먼저 인사하련다. 작은 일부터 시작한다면 나도 언젠가는 주변으로부터 칭찬받는 사람이 될 수도 있다고 생각하니 입가에 미소가 번진다.

취향정과 왕버들

취향정에서 바라보는 전주덕진공원은 한 폭의 그림이다. 연꽃이 활짝 피는 단옷날 선비들이 취향정에 모여 연꽃 향기에 취해 부채를 활짝 펴며 시무를 즐기는 모습이 떠오른다. 그런데 요즘 취향정 앞을 지나다 보면 아쉬움이 앞선다. 도색한 지 오래되어 색깔이 우중충하고, 계단 손잡이는 반쯤 망가졌다. 취향정에 직접 올라가 보면 마치 농촌의 빈집에 올라온 듯하다. 마룻바닥은 군데군데 구멍이 나 있고, 한쪽 구석에는 낡은 돗자리가 깔려있었다. 작년에는 취향정 계단에 출입금지라고 써 붙이고, 기둥마다 비닐 끈으로 엮어 마치 입원환자가 붕대를 감고 있는 듯 보였었다. 90년 전 일제 강점기에 친일파가 지은 건물이라고 방치하는듯하여 아쉬웠다.

취향정은 덕진공원의 중심부에 자리 잡고 있다. 취향정은 공원의 한가운데서 곱게 단장을 하고 풍만한 여인이 되어 해밝은 미소를 짓고 있어야 찾아오는 관광객 모두 여유로운 마음을 가질 수 있을 것이다.

문화재를 잘 보존하려면 많은 예산이 든다. 그런데 취향정 보존에 필요한 예산을 확보할 수 있는 확실한 방법이 있다. 1917년에 취향정을 지어 선비들의 유흥시설로 사용하다가, 1931년도에 검암동 1280번지, 답 6700㎡(2100평)와 함께 전주면사무소에 기부하였다. 기부된 논에서 생산되는 소득으로 2년마다 한 번씩 취향정 개보수에 사용토록 명기한 자료가 비석에 그대로 새겨져 있다. 물론 지금은 해당번지의 토지가 아마 개인에게 매각되었을 것이다. 매각대금을 그때 전주시가 적정 용도로 사용하였겠지만, 이제는 전주시도 취향정 관리를 위해 적극적인 관심을 가졌으면 한다. 기부

한 해당 농지에서 농사를 짓는다면 1년에 쌀 20가마 정도는 수입이 예상되니 금액으로 환산하면 300만 원쯤 된다. 3년을 모으면 대략 1천만 원이다. 그 금액으로 2,3년마다 투자하여 취향정을 정비한다면 문화재로서의 품격을 유지하도록 가꿀 수 있을 것이다. 다만 이러한 사실을 관련 부서에서 충분히 파악하고 실천하는 일이 더 중요하다.

친일파가 지은 건물이라고 지금처럼 방치하면 오래지 않아 붕괴될지도 모른다. 죄는 미워도 사람은 미워하지 말라는 말이 있듯, 취향정이 일제 강점기에 건축하여 국가에 기부한 건물이라고 하여 그 건물마저 미워할 수는 없다. 취향정은 '완산의 북쪽 낮은 구름이 구불구불 평야에 쭉 뻗어 상서로운 기운이 서린 건지산과 산하의 맑은 물이 모여 하나의 연못을 이루는 곳인 덕진못에 세워져' 있어 문화적 가치가 충분하다고 본다.

취향정은 덕진공원에 연꽃이 피는 단옷날쯤 아낙네들이 창포에 머리를 감고, 선비들은 취향정에 모여 자연에 취해 시무를 하며 솜씨를 뽐내었던 곳이 아니었던가. 취향정 정자 바로 앞에서 펼쳐지는 9만 9천㎡(3만 평)의 넓은 호수는 한가운데 현수교가 세워져 있어 시원스럽다. 연못 가운데는 섬나라 연화정 3층 건물이 아름답게 보인다. 호수 위에는 가족이나 연인을 태운 보트들이 커다란 오리처럼 물살을 가르고 있다. 보트를 타고 즐기는 젊은이의 모습을 바라보면 나도 그 시절로 되돌아가는 듯하다.

수령이 200년을 넘었다는 왕버들나무는 취향정 옆에 묵묵히 서 있다. 아직도 건강한 모습으로 취향정 역사를 모두 아는 듯 고개만 끄덕이고 있다. 취향정이 다시 멋지게 단장하여 환하게 웃는 날을 언제가 될지 아마 알고 있을 것 같다.

취향정은 덕진공원에서 문화재로서 가치가 충분하다. 원형대로 멋지게 오랫동안 보존·관리되었으면 한다. 지금과 같이 그대로 방치되어 자꾸 한쪽 구석이 허물어진다면 나중에 소 잃고 외양간 고친다고 허둥댈 수도 있을 테니 말이다. 올해 장마가 오기 전 단장을 하여 공원을 찾아오는 관광객들이 즐겁게 바라볼 수 있는 덕진공원 제일의 명소가 되었으면 좋겠다.

이 글을 쓴 이후에 전주시에서는 취향정을 말끔히 보수하였다. 2012년 단옷날에는 단장된 취향정의 모습을 볼 수 있었다. 작가의 입장에서는 전주시와 텔레파시가 통해 이심전심으로 보수가 된 것 같아 아주 기분이 좋았다. 앞으로도 취향정은 2~3년마다 꼭 필요한 보수가 이루어졌으면 좋겠다.

아헌관亞獻官이 되고 나서

우리나라의 종묘와 종묘제례가 세계문화유산에 등재되어 있다. 제례는 우리 고유의 문화유산으로 보존되어야 할 귀중한 문화유산이다. 판소리와 같이 신나는 음악은 아니지만 아주 오래전부터 내려온 우리의 정신문화다. 선조에 대한 고마움을 누구나 알지만 살아계실 때 잘 모시지 못하고 늦게나마 감사한 마음으로 제사를 모시게 된다.

얼마 전 나는 춘향골 남원에서 모시는 조상의 묘사에 참여했다. 그때 내가 갑자기 아헌관으로 지정되었다. 보라색 제복의 긴 소매에 사관 모자를 쓰고 금색 화려한 허리띠를 두르니, 사극에서 보았던 임금님과 국사를 논하는 대감의 모습이었다. 그날 많이 모인 집안 어른 중 내가 아헌관이 된 일은 서기관 퇴직에 대한 예우가

아니라 앞으로 종사에 많이 참여하라는 뜻인 듯싶다.

제례문화에 홀기笏記라는 것이 있다. 즉 제사 모시는 순서를 말한다. 홀기는 오래된 전통으로 어려운 한자로 되어있다. 최근에는 한자와 병행하여 한글해석이 표시되어 비교적 이해하기 쉬워서 다행스럽다. 홀기에 의하면 처음에 분 향례(향을 피움)를 하고 강신례(신이 내려오심)를 지낸다. 초헌관이 맨 먼저 술잔을 올리고 밥그릇의 뚜껑을 열고 숟가락을 꽂는다. 그 다음 축관은 한자로 된 축문을 읽어 내려간다. 유세차……. 다음은 아헌관 아헌례를 지낸다. 아헌관 복장을 하고 나는 신위 앞에 앉아 술잔을 받아 제사상에 놓았다. 젓가락을 맛있는 반찬에 옮겨놓고 두 번 절을 올린다. 마지막에는 종헌관이 종헌례를 지낸다. 축문을 불사르고 제수 음식을 나눠 먹으면서 제례는 끝난다.

그런데 10번 정도 술을 올리고 절도 13번 정도 올린다. 하도 여러 번 올리는 술과 절이라 정확한 횟수도 기억하기가 쉽지 않다.

조상님이 맛있는 반찬과 식사를 하셔야 되는데 절을 많이 받으시고 술만 드시다 보면 언제 맛있는 음식을 잡수실 수 있을까 조금 걱정이 되었다. 약주를 10여 잔 넘게 드시면 과음이 되어 살던 집을 어떻게 다시 찾아가실지 조금 걱정이 된다. 혹 잘못 찾아가 크게 실수는 하시지 않을까? 또 축문도 너무 어렵다. '오늘 뜻있는 날, 후손들이 차려놓은 음식을 맛있게 드십시오.' 하는 내용인데 어려운 문자를 써서 보통사람은 쉽게 읽을 수 없는데도 축관은 박자를 넣어 큰 소리로 길게 빼어서 천천히 읽는다.

우리가 조상을 모시는 제사는 효孝의 기본으로 아주 중요하다. 요즈음 사람들에게는 조상에 대한 존경심이 필요한 때다. 가족이 모이는 명절과 멀리 떠나간 조상을 다시 생각하는 기일에 가족이 한자리에 모여 화목한 모습 자체가 좋은 그림이다. 제례문화는 조금 가꾸고 보완하여 지켜나가도록 하는 게 좋을 듯싶다.

나는 우리 집에서 모시는 제사는 절을 하는 횟수와 술을 따르는 횟수를 조금 줄여서 지내고 있다. 그리고 조상님이 천천히 음식을 드시도록 시간을 넉넉하게 두고 지내고 있다. 조상에 대한 예의로 올리는 절은 남성의 전용물이 아니다. 음식을 준비하느라고 수고한 아내와 며느리, 그리고 딸에게도 제사상에 큰절을 올리도록 하고 있다. 그래야 조상님이 복을 골고루 나눠 줄 것 같아서다. 집밖에서 지내는 커다란 제사도 앞으로 내가 주관하게 된다면, 간결하면서 성의가 있게 개선하고 싶다. 젊은이들이 쉽게 이해하고 남녀평등의 개념이 묻어나는 제례문화로 바뀌었으면 한다.

사주팔자

"너는 사주팔자가 아주 좋다." 아버님은 어린 저에게 늘 그렇게 말씀하셨다. 나는 1946(병술년), 2월 4일 아침 10시(진시)경에 태어났다. 사주를 보는 사람은 육갑을 손가락 마디에 짚어가며 천권살이 들어있어 권력계통에서 일하고, 천예가 있어 손재주가 좋고, 천복이 들어있어 말년 운도 좋다며 부러워하였다. 그래서 그런지 나는 일찍 직장을 가졌고, 예쁘고 명랑한 배필을 만나 1남 2녀의 자녀를 두어 금메달을 얻고 비교적 순탄하게 살아왔다.

얼마 전 ≪명심보감≫을 공부할 기회가 있었다.

중국의 자하가 말씀하시기를 "죽고 사는 것은 명에 있는 것이요. 부자나 귀한 사람이 되는 것도 하늘에 있는 것이다(子夏-曰 死生이 有命이오, 富貴는 在天이라)."라고 하셨다. 사람의 운명은 태어날 때 그 사람의 명은 이미 정해져 있고 부귀도 결정되어 있단다. 그래서 내 운명도 사주팔자가 좋아서 지금도 편안하게 지내고 있는 것일까?

그런데 요즘 좀 더 깊이 생각해 보니 사주에 의해서 한 사람의 생명이 결정되지는 않는듯하다. 사람의 수명은 선천적인 요인보다 관리하기 나름이지 결코 운명이 아닌듯하다. 태어나고 죽는 것이 운명이라면 사람의 수명이 옛날이나 지금이나 비슷해야하는데 평균수명이 자꾸 높아져 간다.

옛날에는 환갑(60세)만 되면 장수했다고 아들딸들이 화사한 한복을 똑같이 맞춰 입고, 온 동네사람 모셔놓고 하루 종일 잔치를 했지만 지금은 많이 달라졌다. 우리나라 평균 수명도 지금 추세라면 90세까지 가능하다고 했다. 그런데 젊은 사람이 갑자기 불행을 당했을 경우 당신의 운명은 사주팔자가 그런 모양이라고 어깨를 두드려 가며 위로를 한다. 어느 때는 교통사고가 크게 났어도 다치지 않은 사람에게도 그렇게 말한다. 당신은 사주팔자 덕분에 염라대왕이 아직 모셔 가지 않았다고 말하며 싱긋 웃어 준다.

부귀영화도 그렇다. 나는 사주팔자에 부자가 된다고 했지만 그러질 못했다. 매달 받는 월급으로 자녀 교육시키고 그저 그렇게 살았다. 부귀영화란 본인이 즐기는 분야의 직업을 가지고, 열심히 일하다 보면 승진하여 주변사람에게 존경을 받는다. 나는 주위사람에게 손가락질을 당하지 않고 평범하게 살았으니 영화는 누렸다고 여기고 싶다.

어느 시골에 가난했던 사람이 노력해서 형편이 조금 풀려 편하게 살만하면 묘하게 불행이 일찍 찾아오는 경우가 있다. 그럴 때 저 사람은 사주팔자가 고생하면서 살아갈 친구인 모양이라고 수근거린다. 어떤 사람은 위만 쳐다보며 편한 직장을 잡으려 한다. 취업에 실패했을 경우, 내 탓이 아니고 사주팔자에 맞지 않는 모양이라고 둘러 붙인다. 사주팔자가 좋다고 하는 사람은 결국 당사자에게 삶의 희망을 주는 것이요. 사주팔자가 그렇지 않은 사람은 매사에 항상 신중을 기하도록 경고를 주는 인생 지침서인 듯하다.

흉몽대길이라고 한다. 불길한 꿈을 꾸면 다음날 좋은 일이 일어날 거라고 해석하였다. 조상의 슬기가 보이는 대목이다. 돼지 울에서 오물을 뒤집어쓰는 꿈을 꾸면 다음날 횡재를 하고, 신혼차량이 장례차량과 교차하면 행복이 찾아온다는 이야기는 두려움을 희망으로 바꾸는 메시지로 여기고 싶다. 중국 자하가 운명과 부귀가 하늘에 달려있다고 말했던 이유는, 노력했는데도 잘 풀리지 않았을 경우를 대비해 희망을 가지도록 평생 보험 성격의 예언으로 삼았는지 모른다.

살아가는 과정을 사주팔자에 의존하지 말고 주어진 여건에 적응하며 긍정적으로 살아가야 할 것 같다. ≪명심보감≫에서 내가 제일 좋아하는 말은 "일체 유심조一切 唯心造"다. "모든 일이 마음먹기에 달렸다."라는 말이다. 허물없는 사이라고 실수를 반복하지 말고, 하는 일에 최선을 다하며, 즐거운 마음으로 하루하루를 사는 일이 보람된 일이 아닐까? 이제 와서 내가 사주팔자 운운하는 일도 팔자에 정해져 있어서 그럴 거라고 누군가 손가락질을 할까 궁금해진다.

다시 일본을 생각하며

10m가 넘는 높이의 바닷물이 서서 무섭게 달려들었다. 지진이 지나간 해변은 커다란 여객선이 육지에 밀려와 항구 대합실 지붕에 걸쳐있었다. 공항 활주로에는 자동차와 비행기가 장난감처럼 엉켜있었다. 바닷가의 원자력 발전소 지붕에서 솟아오르는 흰 연기는 눈에 보이는 방사능 덩어리가 되어 어디에 흩어질지 모르는 공포 그 자체였다. 일본 동북부지역에서 발생한 지진의 쓰나미 위력 앞에서는 첨단과학도 두 손을 들고 말았다.

나는 작년 봄, 일본 도쿄에서 2박을 하고 시즈오카 지역의 그랜드 호텔에서 하룻밤을 묵었다. 호텔지배인이 말하기를 태평양 바다가 눈앞에 보이는 그랜드 호텔은 바다에서 지진이 난다면 제일 먼저 피해가 예상된다고 말했다. 당시 태평양을 배경으로 찍었던 사진을 다시 꺼내 보니 안개가 자욱했던 바다는 1년 후에 일어날 일을 모른 채 그저 빙그레 웃으며 봄바람에 너울너울 춤을 추고 있었다.

이번 지진은 인류의 커다란 재앙이기에 세계 각국에서 도움의 손길이 분주하다. 우리에게 가까운 이웃 나라이기에 도움을 주는 일은 당연한 도리다. 어려움에 처한 사람에게 먹을 것과 입을 것을 챙겨줘야 하는 일은 당연하겠지만 마음 한구석으로는 무언가 꺼림칙하다. 며칠 전 저녁을 먹으러 식당에 들렀다. 30대로 보이는 서너 명의 젊은이가 건너편 좌석에서 이야기를 하고 있었다. 일본 지진피해 성금을 내고 싶지 않다며 장황하게 이야기를 늘어놓는다.

일본을 다시 한 번 생각해 본다. 116년 전 일본낭인들은 우리의 국모인 명성황후(민비)를 경복궁에서 살해했다. 그 뒤 36년 동안 우리 민족을 점령하고 창씨개명까지 시키며 우리 민족 말살정책까지 도모했다. 일제 때 목숨을 잃은 독립투사들은 지하에서 지금의 현실을 무어라고 말할까 생각하면 섬찍지근하다. 일본 사람들은 잊을만하면 우리 땅인 독도를 자기네 영토라고 지금도 우긴다. 어느 유명 종교인이 공식적인 자리에서 일본의 처한 입장을 '인과응보'라는 표현을 했다가 궁지에 몰려 변명하기에 바빴다.

중국 장자는 "於我善者도 我亦善之하고 於我惡者도 我亦善之니

라 我旣 於人에 無惡이면 人能於我에 無惡哉라"했다. 나에게 착한 일 하는 사람에게도 내가 또한 착하게 하고, 나에게 악하게 했던 사람에게도 내가 또한 착하게 해야 하느니라. 내가 악하게 하지 않았으면 다른 사람이 악하게 하는 일이 다음에는 없을 것이라는 뜻이다. 과거에 당했던 아픈 일을 생각하면서도 지금은 선한 행동으로 베풀면 모두가 하나가 된다고 했다.

일본이 우리에게 지난날 깊은 아픔을 주었기에, 우리는 노력하고 단결하여 힘을 길러, 이제는 세계 속의 경제 대국과 어깨를 나

란히하기에 이르렀다. 일본이 독도를 자기 영토라고 억지를 부리면, 오히려 흩어졌던 우리의 국론이 하나로 뭉쳐지는 효과가 있었다. 일본의 지리적 위치가 태평양 앞에 버티고 있어 여름에는 남쪽에서 밀려오는 산더미 같은 태풍도 막아준다. 이번에는 태평양에서 발생하는 무자비한 지진을 일본이 바리케이드 역할을 해주어 우리에게 피해가 줄었다.

일본에 여행을 해보면 대부분 여행객이 일본의 국민성을 칭찬한다. 친절과 절약이 몸에 배여있다. 일본은 끈기와 노력으로 역경 속에서도 다시 일어날 것이다. 먼 곳에 사는 친척보다 가까운 이웃사촌이 더욱 중요하듯, 우리와 선의의 경쟁을 하며, 공생하는 가까운 나라가 되었으면 한다. 우리가 '힘내세요, 일본.'이라고 격려하며 돕기는 하되, 과거를 송두리째 잊히지는 않을 것 같다. 하루빨리 지진과 방사능의 고통에서 벗어나 스스로 자신의 과거를 진심으로 되돌아보는 가까운 이웃이 되길 기대해 본다.

한 편의 드라마

기획과 제작이 69일 걸린 한 편의 드라마다. 우리와 지구 반대편에 있는 칠레 지하 막장에 묻혀있던 광부들이 지상에 오르는 순서를 동료에게 양보하며 내가 마지막에 나가겠다는 소식은 한 편의 드라마였다. 인간은 본능적으로 극한 상황이 오면 내가 먼저 살아야 한다고 행동하는데 지하에 묻혀있는 광부 33명은 어둠 속에서도 위대했다. 2010년 8월 5일 칠레 산호세 광산에 매몰됐던 광부는 사투 끝에 결국 모두 살아서 돌아왔다. 지상에 마지막으로 올라온 작업반장 우르수아는 두 손을 높이 들어 위대한 칠레 만세를 불렀다. 지하에서는 '임무 완료'라는 플래카드를 보여주는 여유까지 보여줬다. 전 세계인은 TV 중계를 숨죽여가며 시청하는 한 편의 멋진 드라마였다. 그런데 더 중요한 것은 광부 스스로가 지녔던 '살 수 있다.'는 믿음과 희망이었다. 믿음이 없이는 어떠한 첨단

장비도 칠레정부의 지원도 리더십도 빛을 발할 수 없었다. 결국 절망 상태에서도 희망을 가지고 동료를 믿고 참아왔기에 살 수 있었던 것이다. 극한 상황 속에서 어떻게 그런 양보와 이해심을 발휘하는지 마치 한 편의 드라마를 보는 느낌을 오랫동안 지울 수가 없었다.

영화 타이타닉에서 배가 침몰할 때 한 남자 승객이 구조선을 먼저 탈 기회를 임산부에게 양보하고 자기는 희생되는 상황을 본 일이 있다. 아마 영화에서나 가능한 일일지 모른다. 칠레 광부이야기는 현실이기에 한 편의 각본 없는 멋진 드라마다. 남아메리카가 축구 이외에는 세상의 관심을 별로 받지 못했다. 이번 광부 이야기로 칠레가 생명의 고귀함을 세상에 널리 알리며 자국민의 민심이 통일되었단다. 이웃국가인 볼리비아와 영토관계로 불편했으나 광부 중 한 명이 불리비아 사람이었기에 화해무드가 되었다 한다.

우리도 이웃인 중국, 일본과 관계가 더 나아지려면 좋은 의미가 만들어졌으면 한다.

맛있는 음식이 생기면 이웃을 먼저 생각하는 고운 심성을 우리는 가졌다. 그런데 우리 사회의 뉴스를 보면 엉뚱한 소식에 가끔 어리둥절해진다. 농부가 3년 들어 잘 가꾼 인삼밭을 하룻밤 사이에 트렁크에 싣고 가 버리는 얌체 도둑이 있다. 또 잘 가꿔놓은 정원에 있는 소나무를 밤에 몰래 슬쩍해서 처분해버리는 악덕 도둑이 있었다. 신체 건강한 젊은이는 노력하면 얼마든지 자신의 문제를 해결할 수 있는데도 말이다. 그들에게 칠레 광부의 이야기를 들려주고 싶다.

우리의 삶도 요즈음 가만히 살펴보면 너나 할 것 없이 언제 어떻게 될지 알 수 없는 마치 전쟁터에 살고 있는 느낌이 들 때가 있다. 자고 나면 물가가 치솟아 오른다. 생필품 배춧값이 폭등과 폭락을 하며 우리를 불안하게 한다. 강대국이 자국의 이익을 위해 환율전쟁을 해서 우리를 불안하게 한다. '나'만 있고 '우리'를 찾기가 어렵다. 내 의견과 같지 않으면 남남으로 여기고 상대하지 않으려 한다. 스스로를 지키며 살아가라는 명령을 우리 일상에서 받아야 할 때가 많다. 그러나 절망하지 않는 한 우리도 살아남을 수 있다. 그러기 위해서는 가까운 이웃을 배려하고 질서를 생활화하며 칠레 광부의 양보의 미덕을 배워 한 편의 드라마처럼 흐뭇한 소식이 오랫동안 메아리가 되었으면 한다.

태산문화권 답사

벚꽃이 화사하게 피어있는 지난 4월 하순경, 아주 소중한 문학기행을 다녀왔다. 익산문학회회원 30여 명이 버스를 타고 정읍시 칠보면의 태산문화권 지역을 찾았다. 정읍 태인면과 칠보면의 일대가 지난날 태산현이라는 지명을 가졌었다. 선비문화의 자취가 많이 남아있는 정읍 칠보면 지역은 얼마 전 다녀왔던 경북 안동지방이 연상되었다.

정읍 태인면 지역은 가사문학이 생각나고 〈상춘곡〉의 작가 정극인이 떠오른다. 불우헌 정극인은 조선시대 문인이며 학자다. 정극인은 조선 초기 불교문화의 일부 모순점을 비판하고 숭유억불의 이념실현을 주장하는 상소문을 한양에 올렸다. 상소를 받은 세종대왕이 진노하여 정극인에게 사약을 내리기 직전, 황희 정승의 구명으로 간신히 목숨을 건졌다. 그 뒤 정극인은 비교적 늦은 53세에 문과에 급제하였다. 태인현의 훈도와 성균관 주부, 사헌부 감찰 등을 역임한 뒤 1470년 벼슬을 사임하고 귀향한다. 출생지는 경기도 광주지만 처의 고향인 정읍 칠보로 이사하여 안빈낙도의 생활을 하였다. 이때 가사문학의 효시로 빛나는 〈상춘곡〉은 만들었다. 〈상춘곡〉은 조선시대 사대부의 가사의 첫 작품으로 속세를 떠나 자연에 몰입하여 봄을 느끼고 인생을 즐기는 낙천적인 성격의 노래다. 우리 일행은 〈상춘곡〉의 배경이 된 칠보면 무성리의 야트막한 산 허리 모정에 올라가 멋진 풍경을 감상할 수 있었다. 또 정극인은 우리나라 최초로 향약을 만들었다. 지금도 농촌에서 이웃끼리 서로 돕는 '품앗이'라는 미풍양식의 발판을 만들었다. 영모제에는 한시가 새겨져있다.

先生致仕後吟詩 長占青山又白雲

不憂軒上事天君 飢蔭渴飲閑中味 朋友清風可與云

"선생은 벼슬을 버리고 이곳에서 시를 읊고, 고향의 푸른 산과 구름을 벗 삼고, 자연 이치에 순응하고, 먹고 마실 거리가 부족하지만 한가로움에서 멋을 찾고, 고향 벗들과 어울려 사셨다." 무성리에서 10분여 동안 꼬불꼬불한 산길을 걸어 칠보면 원촌리에 정극인의 묘소가 있다. 묘소에는 비문이 새겨져있다.

(贈資憲大夫 禮曹判書 行 司諫院 正言致仕 不憂軒 丁公之 墓)

부근에 있는 호남 제일정인 피향정에 가보았다. 피향전은 통일신라시대인 887년에 최치원이 태산(정읍) 현감으로 재임 중에 세워졌다. 선비들과 풍월을 읊고 산책하던 정자다. 신라시대 대학자의 흔적을 만나 반가웠다. 피향정 주변의 작은 연못은 적막이 감돌지만 노랫소리가 희미하게 들려오는 듯하였다. 또 칠보면에는 최치원이 선비들과 술잔을 띄우고 유흥을 즐기며 시를 읊었다는 유상대가 있다. 유상대의 모습이 흙에 묻혀 옛 모습을 그대로 볼 수는 없지만, 커다란 바위가 강물에 기대어 잠을 자고 있었다. 최치원은 〈제 가야산 독서당題伽倻山讀書堂〉의 한시를 남겼다.

狂噴疊石吼重巒(광분첩석후중만)
人語難分咫尺間(인어난분지척간)
常恐是非聲到耳(상공시비성도이)
故教流水盡籠山(고교유수진롱산)
물소리가 첩첩한 바위 사이를 달려 봉우리에 울리니,
지척의 사람 말소리도 분간키 어려워라
다투는 사람 소리도 귀에 들릴까 두려워
흐르는 물조차 온 산을 휘어 감싸네

피향정의 정원 뒤에는 고을 현감의 치적을 기록한 비석이 여러 개가 있었다. 그중에는 동학혁명의 계기가 되었던, 조병갑이 세운 비석이 한쪽 구석에 부끄러운 듯 숨어 있었다. 당시 백성을 울렸던 현감 조병갑도, 자기를 낳아준 부친에게 억지 효도를 하다가 결국 우리 역사에 오점을 남긴 인물이 되었다.

칠보면 백암리의 길가에는 높이가 1.35m 되는 커다란 남근석이 서 있다. 화강석으로 만든 원통형의 남근 형태를 조각하였다. 흰 바위 마을 입구에 자리 잡은 남근석은 12당산 중 하나로 자선

사업가가 마을의 번영과 도둑을 방지하기 위하여 세웠다. 정월 초사흘 날, 풍년을 기원하며 액운을 막기 위해 제사를 올린단다. 부녀자들이 득남을 위해 밤낮으로 찾아와 기원한단다. 옆에는 여근을 상징하는 나무가 나란히 서 있어 찾아온 손님들의 카메라 세례를 받았다.

송정松亭의 정자는 무성리 성황산 동쪽에 위치하고 있다. 조선 15대 광해군의 폭정이 극도에 달하자 벼슬을 버리고 이곳 송정에 모여 세월을 한탄하며 여생을 보냈던 정자다. 당시 뜻을 같이한 김대립 등을 가리켜 7광 또는 10현이라고 부르며 문화재 자료133호로 지정되었다.

사적166호인 무성서원은 오래된 서원으로 양반 자녀의 교육과 성인들의 제사를 지냈다. 조선 후기 서원 난립으로 잡음이 나자 대원군은 서원의 철폐령을 내렸다. 그럼에도 불구하고 무성서원은 최치원, 정극인을 모신 덕택에 남게 된다. 서원의 앞 건물은 교실을 넓게 만들어 후학을 가르쳤다. 뒤 건물은 최치원, 정극인, 신잠

등의 위패를 모셔놓고 흠모하며 제사 지내는 사당이다.

칠보면 무성리에 고려시대에 건립된 삼층석탑이 있다. 마을의 논 가운데 높게 마련된 축대 위에 서 있다. 바닥 돌 위로 1층 기단과 3층 탑신을 올려놓은 모습으로 모서리마다 기둥 모양을 본떠 새겼다. 지붕돌은 밑면에 3단씩 받침을 두었다. 꼭대기에는 머리 장식이 활짝 핀 연꽃 모양으로 장식되어 있다. 또 바로 옆 작은 암자 안 법당에는 석불 입상이 모셔져 있다. 무릎 아래는 땅에 묻혀있으며 땅 위에 드러난 부분도 불단에 의해 상당부분이 가려져 있다. 불상은 민머리에 마치 두건을 쓴 것처럼 보였다. 보통 불상과 모습이 달라 관심이 갔다.

또 시산리에 정순왕후 태생유적비가 있다. 조선 6대 왕인 단종의 비였던 여산 송 씨의 유적비다. 단종이 재임기간이 너무 짧아 아쉽다. 만약 오랫동안 왕위에 있었으면 이곳 호남지방의 여산 송 씨도 보다 많은 인재가 등용되었을 텐데 아쉬움이 남는다.

정읍은 내장사 단풍과 전봉준의 동학운동의 발생지로 유명하다. 이번 문학기행은 정읍 칠보지방에 최치원, 정극인에 관련된 문화재가 많이 있어 반가웠다. 앞으로 칠보의 태산선비문화권과 연관되는 프로그램이 관련되어 개발이 된다면 더욱 명성 있는 명승지가 될 수도 있다. 유적지에 유물의 '볼거리'뿐 아니라 특색 있는 '먹을거리'가 갖춰져야 하고 찾아오는 도로 소통이 원할해야 될 것 같다. 지역주민과 우리 문학인들이 지역문화에 대한 적극적인 열정을 가지고 더 많은 관심과 예산의 투자가 필요한듯하다.

장보고의 혼을 찾아

우리 일행 40여 명은 역사 유적을 탐방하려고 중국 산동성으로 향했다. 군산항에서 초저녁에 출발한 석도행 여객선은 별들조차 숨어버린 칠흑 같은 밤바다를 헤치며 서쪽으로 달렸다. 먼동이 트는 새벽녘에서야 수평선을 바라볼 수 있었다. 1200여 년 전, 장보고가 서해 해상을 누빌 때도 바다는 안개가 자욱했었을까? 그 당시 며칠 동안 망망대해에서 어떻게 파도를 헤치고 도착할 수 있었을까?

우리 일행은 12시간 항해 후 버스를 갈아타고 산동성 장보고 대사의 기념관으로 향했다. 적산법화원에 만난 380톤이나 되는 웅장한 장보고 동상은 하나의 커다란 동산을 이루고 있었다. 장보고는 산 정상에서 편하게 앉아 관광객에게 어서 오라고 환영하는 듯했다. 동상 앞면에는 서해바다가 보이며 뒷면에는 법화원 경내

풍경이 열려졌다. 법화원 아래에는 관음상 분수 쇼가 펼쳐졌다. 불상이 입으로 불을 뿜을 때 동자승들은 힘을 합쳐 하늘 높이 물을 시원스럽게 뿜으며 장관을 이루자 모두 박수를 치며 복을 빌었다. 아래쪽에는 신라인의 집단 거류지인 신라방이 말끔히 단장되어 있어서 옛날 통일신라인의 숨결이 느껴지는 듯하였다. 해상왕 장보고가 우리 민족이라니 가슴 뿌듯하여 나도 모르게 어깨에 힘이 들어갔다.

장보고는 서기 790년에 전남 완도에서 태어났다. 유년 시절 물에 익숙한 장보고는 무예를 연마했는데 특히 활과 창을 잘 다루었다. 청년기에 당나라로 건너가 18세에 당나라의 부령군에 입대하여 반란군을 진압하는 데 큰 공을 세워 30세에 부령군 소장으로

승진했다. 34세 때 중국산동성에 적산법화원을 건립하여 신라인에게 자부심을 갖게 하였다. 38세 때에 고향에 돌아와 신라 흥덕왕에게 해상 교통의 중요성을 건의하여 전남 완도에 청해진을 설치하고 대사로 임명된다. 청해진은 서해상의 도둑 무리를 소탕하고 노예로 팔려가는 신라인을 구하며 통일신라, 당, 일본을 잇는 국제무역권을 주도하며 명성을 얻었다.

역사는 승리자의 기록이다. 얼마 전까지만 해도 장보고의 진가가 잘 알려지지 않았다. 그는 뱃사람의 신분으로 자신의 여식을 신라 문성왕의 왕비로 만들려다 한때 동료였던 염장의 계략으로 51세에 암살을 당하여 생을 마감했다. 최근에 〈해신〉이라는 드라마로 장보고의 생애가 세인의 관심을 끌었다. 부패한 권력을 무너

뜨리면 역사에 영웅으로 기록되지만, 권력에 도전하여 실패하면 역적이 되고, 그동안 업적도 가려져 묻히고 마는 게 세상이다. 다행히 장보고에 대한 재평가로 다시 조명을 받게 되어 다행스럽다. 오늘날 중국 산동성에서 장보고는 해신海神이라는 명칭으로 인정을 받고 있으니 우리 민족의 자랑거리가 아닐 수 없다.

중국 산동지방은 끝이 보이지 않는 광활한 대지에 농작물(밀, 보리)과 포플러가 가는 곳마다 공터 없이 심어져 있다. 이해타산이 맞지 않는다며 경작을 하지 않는 우리와 다른 것 같다. 중국은 여러 곳에 유적지와 풍경구도 많고 역사에 빛날 인물도 많다. 중국은 많은 자원을 관광 상품으로 개발하여 외국인이 찾아오게 만들어 외화수입을 올리고 있어서 한편으로는 부럽기도 하다. 그 많은 인물 중에 우리 민족의 자랑인 장보고가 있어 우리가 역사 탐방지로 한 번 더 중국을 찾아가게 만들고 있었다. 중국이 왜 장보고를 명신明神이며 해상 왕이라고 치켜세우며 많은 투자를 하여 '국가A급여유경구'로 만들었을까? 혹시 어느 시점에 가면 장보고가 당나라 사람이라고 우기지 않을까? 이는 내가 갖는 기우에 불과하길 바란다.

우리나라에 장보고기념관이 전남 완도에도 있다. 완도 장좌리 앞바다에는 전복을 엎어 놓은 듯한 둥글넓적한 섬 장도(일면 장군섬)가 있다. 썰물 때는 걸어서 들어갈 수 있다. 이곳이 청해진의 유적지다. 얼마 전 이곳에서 유물이 발견되었다. 당시 옛 모습을 볼 수 있는 기와, 토기, 목책, 맷돌 등의 유적이 발견되었다. 장좌리 부근에 장보고 기념관이 있다. 대지가 14,000m(4,300평) 건축물 1,700m(500평) 2층 철근 콘크리트 건물로 2008년에 개관되었지만 아직 보완해야 할 부분이 많다. 매년 음력 1월 15일이면 청해진 장좌리 주민과, 장씨張氏 후손들이 참여하여 풍어제와 대사의 명복을 기원하고 있다. 드라마 〈해신〉으로 세인의 관심을 받았던 촬영장소도 이제 인적이 끊기고 먼지가 쌓여가고 있다.

지금 서해는 풍부한 해산물의 보고이며 동북아시아 해상 무역선의 통로다. 우리나라와 중국, 북한이 눈에 보이지 않는 힘의 대결이 이루어지는 곳이다. 장보고의 용맹스러움을 본받고 도전정신을 배워 우리의 앞날에 융성한 기운이 활활 되살아났으면 좋겠다. 중국산동성의 법화원보다 우리나라에서 더 많은 자료를 수집하고 적극적으로 투자하여 많은 손님이 찾아오는 살아있는 탐방지가 되었으면 좋겠다.

겨울-초록

작은 도둑과 큰 도둑

도둑질하는 사람이 도둑놈인 줄 알았다. 그런데 아니란다. 복지관에서 직무교육을 강의하는 강사는 다른 표현을 했다. '도둑놈이기 때문에 도둑질을 한다.'가 맞는 표현이라는 강사의 설명에 공감이 갔다. 누구든 언제 어디서나 바른 마음을 가지고 바르게 행동하면 된다. 길가에서 물건을 주우면 주인을 찾아주어야 한다고 누구나 알고 있다. 그러나 나부터도 거리에서 작은 물건을 주우면 내가 주인이 되는 양 착각 속에 살았다. 이제부터라도 반성해야 할 일이다.

복지관 유명강사는 요즈음 우리 사회의 화두가 인성교육과 주인의식의 결여라고 말했다. 젊은이 취업 면접에서 한국의 H기업을 물으니 모두 '현대'라고 대답하면 떨어진다고 했다. 효성기업도 있

고 한진기업도 있는데 말이다. 내가 현재 하고 있는 일을 최고로 여기고 최선을 다하고 있는지도 뒤돌아볼 일이다. 타 직장에서 보수를 더 준다면 쉽게 마음이 움직이는 사람은 주인 의식이 결여된 사람으로 작은 도둑의 시작이다.

그렇다. 결국 인간의 본성이 중요하다. 순자의 성악설과 맹자의 성선설 중 어느 이론이 옳은가를 따지기 전에, 인간은 사회의 구성원으로서 기본 질서는 누구나 알고 있다. 그러나 현실에 부딪치면 실제로 행동이 달랐고 그 행동에 죄의식을 느끼지 못했던 일이 사실이다. 우리는 잊을 만하면 인성교육과 주인의식을 가끔 이야기를 한다. 결국 아는 만큼 실천이 얼마나 되었을까, 나부터 다시 한 번 더 반성해 본다.

먹을 것 가지고 장난치는 사람이 있다. 불량식품을 제조하여 판매한다. 톱밥고춧가루가 등장하는가 하면 가짜 식용유를 사용한 음식이 TV에 소개된다. 그 식품은 그림자도 보기 싫다. 관련된 사람은 스스로 생계용 도둑이라고 여기겠지만 인간의 가장 큰 욕망인 건강을 해치니 오히려 진짜 큰 도둑이다. 또 명품을 좋아하는 사람도 문제지만 소비자의 심리를 이용하여 가짜 상표만 붙인 짝퉁이 판을 치니 우리를 슬프게 한다.

택시에서 실수로 놓고 내린 스마트폰을 운전기사가 손님에게 돌려주지 않고 중고품 상점으로 가져간다고 했다. 핸드폰 분실물은 그래도 주인에게 돌려주는 경우가 많았다. 물질 만능시대의 흐름이 시간이 흐를수록 더 깊어지는 듯싶어 어떻게 인성교육의 필요성을 자세하게 설명해야 될지 그저 암담하다. 어느 학자는 가족 간의 대화의 산실인 '밥상머리 교육'에서 찾을 수 있단다.

최근 정부 고위직에 오르려는 사람들이 인사청문회를 앞두고 도덕적 기준을 통과하지 못하고 낙마하고 만다. 우리 사회에서 지식인이나 좀 경제적으로 여유로웠던 사람은 위장전입, 증여세 탈세, 부동산투자 등에 자유로울 수가 없다. 아마 나부터도 서울에 거주했다면 자녀 교육을 위해 위장전입을 할 수도 있고, 유동자산이 있었으면 부동산에 관심을 가졌을지도 모른다. 청문회를 앞두고 낙마한 사람은 명예가 일순간 땅에 떨어진다. 당사자는 철면피한 인간으로 낙인이 찍히는 경우가 있다. 도덕적 기준을 통과한 사람 중에서 업무능력이 탁월한 사람은 과연 우리 사회에 얼마나 존재할까?

바늘 도둑이 소 도둑 된다는 속담이 있다. 이제는 '소 도둑이 바늘 도둑까지 된다.'로 바뀌야 할 모양이다. 소위 과거에 잘나갔던 직장인 중 깨끗한 사람은 얼마나 있을까? 옛날에 힘 있는 부서나 직장의 노른자위에 있을 때 정당하지 않은 방법으로 경제적 이익을 취하여 상사에게 상납하고, 부하 직원에게 인심을 베풀면 유능한 직원으로 인정하였던 시절이 분명이 있었다. 그들은 오늘날 고위직에 들어갈 수 없는 것이다.

우리나라에서 고위직이 되려면 적어도 도덕적으로 깨끗해야 된다는 인식은 잘된 일이다. 그래야 공직자들이 유혹을 뿌리치고 바르게 사는 길을 걸어갈 것이기 때문이다. 그래서 우리 사회는 인성교육과 주인의식의 필요성이 불사조처럼 살아나는 것일까?

그런데 아주 이상한 일이 있다. 작은 도둑은 감옥에 가는데 큰 도둑은 소위 보이지 않는 큰손의 작용에 의해 사면되고 만다. 우리 사회가 정의는 살아있는지 다시 한 번 생각하게 만든다. 보이지 않는 큰손은 선거철만 되면 큰 소리로 나를 뽑아 달라 외치는 사람이 아닐까? 선거 벽보 속의 인물이 수배자의 명단으로 바뀌기도 하는 이 악순환이 되풀이되지 않기를 바라는 마음 간절하다.

신사의 품격

친구한테서 전화가 왔다. 내일 행사장에 나올 때는 '양복을 입고 넥타이를 매고 오라.'고 했다. 행사장에 누가 오기에 그러냐고 묻기도 전에 전화는 끊겼다. 나는 직장생활 할 때 대부분 정장차림으로 출퇴근을 했지만 이제 자유인이 되고 나니 편한 옷에 노타이 차림이 좋아 잠바 차림으로 외출을 한다. 결혼식장에도, 친목계 모임에도 나는 거의 같은 차림이었다. 그런 나를 그 친구는 안쓰럽게 보았는지 모른다. 하기야 요즘 잠바를 입고 있는 내 모습을 거울에 비춰보니 주름진 얼굴에, 머리숱도 줄어 대머리가 되어가고, 헐렁한 바지 차림이 쓸쓸해 보였다.

나는 비록 간편한 옷차림으로 외출해도 마음만은 편안하며 나로 인해 주변을 어지럽게 하지는 않는다고 스스로 자부하며 살고 있다. 개개인에 대한 평가는 외모보다도 그 사람이 무엇을 어떻게 생각하며 살고 있는지, 언행 하나하나가 중요하지 않을까? 그러나 친구가 내일 행사장에 정장차림을 하고 오라는 권유도 허물없는 관계이기에 했겠지만, 요즘 신사의 품격 기준이 다른가 보다. 눈에 보이는 겉모습만이 최우선으로 그 사람의 전부인 양 착각하기도 하는가 보다. 그래서 '보기 좋은 떡이 먹기도 좋다.'고 했던가?

그러나 가만히 생각해 보면 꼭 그렇지는 않다. 가끔 등산을 한다. 산속 그늘진 모퉁이에 핀 버섯 중 화려한 모습은 오히려 독버섯이라고 하지 않던가. 사람도 분수를 모르고 요란하게 차려 입으면 오히려 제비족이나 꽃뱀으로 오해받기 쉽다. 또 지나치게 포장된 말투나 미화된 글 속에는 오히려 거짓이 숨어 있을 수도 있다.

'옷이 날개'라는 말을 젊었을 때는 별로 믿지 않았다. 파티 장에 가지 않는 한 간편한 차림이 오히려 신선하게 보이고 틀에 얽매이지 않아 좋아 보였다. 그래서 나도 직장생활을 마치면 편하면서 자유로운 옷차림을 하고자 했다. 화려한 옷이 아니라도 편안함을 줄 수 있다면 되었고, 외모보다 분위기를 읽고 상대의 마음을 읽을 수 있다는 점이 중요하다. 사실 직장 퇴직 후 내가 대중 앞에 나서서 뽐낼 일도 없고, 표창 받을 만큼 잘한 일도 별로 없으며, 날마다 하는 일이란 몸이 불편한 아내를 보살피고, 가끔 들르는 손자를 돌보며, 가까운 복지관을 찾아가 가볍게 운동하는 일이 일상이다. 그래서 항상 전에 입던 가벼운 옷만 입고 다녔다.

그러나 이제 신사의 품위를 지키려면 나이에 적합한 차림이 필요한 모양이다. 하기야 하루가 다르게 변하는 정보화 시대에 내 자신의 모습도 분위기에 맞춰가야 할 일이다. 이제는 머릿속을 채우는 일도 중요하지만, 외모를 나타내는 옷이 우선은 날개이겠지. 내 스스로 편리하다고 유행이 지난 묵은 옷만 입을 것이 아니라, 나를 바라보는 상대의 시선도 배려하는 모습으로 살아가야 할 모양이다. 나이를 먹었으니 나는 아무리 화려하게 차려 입어도 제비나 꽃뱀으로 보일 수도 없다. 이제는 어디를 가나 남의 눈에 천덕꾸러기 모습으로 보이지 않기 위해서는 단정한 차림으로 얼굴에는 잔잔한 미소가 살아야 할 텐데 하고 은근히 걱정도 된다.

옷장에서 3년 동안 한 번도 꺼내 입지 않는 묵은 옷은 내다 버리라고 했다. 이제는 옷장에 가득 들어있는 옷 중 몇 벌만 남겨 두고 나머지를 정리해야 할 모양이다. 헌옷을 버릴 때 내 머릿속에 가득 찬 묵은 생각도 하나하나 함께 엮어 버릴 수 있다면 얼마나 좋을까. 마음만 먹으면 사용하지 않는 옷은 찾아 쉽게 버릴 수 있지만, 헌옷을 버린 내 머릿속 빈자리에 이웃을 배려하는 훈훈한 마음이 가득 채워졌으면 좋겠다.

다음날 정장차림으로 행사장에 갔다. 지방의회의원들과 미팅이 계획되어있음을 알았다. 참여한 대부분의 사람들이 하나같이 넥타이를 매고 정장차림으로 나타났다. 일렬로 나란히 서 있는 그들과 악수를 했다. 모습이 모두 같은 일행들이 함께 어울려 환담이 오갔다. 의원들과 주민 중에서 누가 우리 사회의 진짜 주인공일까 잠시 생각해 보았다. 담소가 끝나고 정장차림을 한 의원들은 정장차림을 한 우리들의 전송을 받으며 멀어져갔다. 만약 우리들의 모습이 잠바차림으로 허름했다면 의원의 기분도 허전했었을까?

우리 일행 중 동창여학생 한 명이 정장을 한 내 모습을 보고 넥타이도 참 멋있고, 머리는 양복과 잘 어울린다고 칭찬해 주었다. 오늘 행사장에 정장을 하고 오길 정말 잘했나 보다. 칭찬을 해주면 고래도 춤을 춘다고 했던가. 어디선가 싸이의 〈강남스타일〉 음악이 신나게 흘러나오고 있었다.

개그의 한계

설 명절에 서울에서 살고 있는 딸의 집에 갔었다. 귀염둥이 손녀가 의젓하게 자라서 이제는 말을 제법 했다. 꼬마 한복을 예쁘게 차려 입고 세배를 하였다. 사위와 이야기를 나누기 위해 TV를 끄려고 하자, 어린 손녀는 "안 돼~!"를 외치며 고개를 흔들었다. 억양이 개그 프로에서 보았던 유행어 말투로 부정의 말이 먼저 나오는데 조금 당황했다.

요즘 TV에서 개그 프로를 자주 보게 된다. 세상을 풍자한 익살스러운 연기에 푹 빠져 보는 재미가 솔깃하다. 공공장소에 인질사건(물론 가상이지만)이 터진다. 5분 내에 범인을 잡아 사건을 해결하라는 명령이 떨어진다. 비상대책위원회에서 명령을 하달받은 당사자는 일을 해보지도 안고 '안 돼.'를 먼저 외친다. 갖가지 이유를

능청스럽게 말해 시청자를 우선은 즐겁게 한다. 또 회사에서 새로운 일을 해보려고 의견을 내면 건너편에 앉아있던 동료가 손을 가로저으며 '안 돼.'라고 반대부터 먼저 한다. 의견을 제시한 사람은 제대로 설명 해보지도 못하고 민망해져 다음 회의 때부터는 입을 아예 닫아버린다. 그러다 보니 우리 주변에서도 의견을 내면 무조건 '안 돼.'라는 말이 유행어가 되어 새로운 일을 시작할 때 부정적인 방향으로 먼저 시작하지 않을까 걱정이 된다.

또 다른 개그 프로에서는 주변의 작은 일에도 두 손을 모으고 고개를 숙이며 '감사합니다!'라고 외친다. 세상에는 감사하게 생각해야 할 일들이 참 많다. 한 연기자가 개그를 하다 실수하여 담당 PD로부터 도중하차당할까 봐 조마조마하고 있다. 그런데 바로 다음에 출연한 연기자가 어설픈 연기를 하게 되면 첫 번째 연기자는 오히려 반갑다고 빙그레 웃는다. 당신의 서투른 연기 덕에 내 허물이 감춰졌다고 '감사합니다.'를 연발한다. 그래서 때로는 시청자도 물 흐르듯 하는 연기보다 바보 역을 맡은 연기자에게 더 큰 박수를 보내기도 한다.

살다보면 주변의 작은 실수를 내가 먼저 이해하는 아량을 가질 때 우리 자신이 성숙해지지는 않을까, 경쟁에서 이기기 위해 상대를 비난하며 밀어내면 우선은 앞서는 듯 보인다. 하지만 시간이 흐르고 나면 결국 진실이 밝혀지게 마련이다.

흔히 말하길 긍정적인 생각을 가져야 그 사람의 운명이 행복해진다고 했다. 생각이 행동으로 옮겨지고 그 행동이 그 사람의 운명을 결국 긍정적인 사람으로 바꿔 놓아 환영받는 사람이 되지 않는가.

얼마 전 친구와 작은 일 때문에 한동안 마음이 상했었다. 어제 시골길을 맑은 공기를 마시며 걸으며 자연에 대한 감사한 마음을 가져봤다. 다시 한 번 친구의 입장에서 바꿔 생각해보니 옹졸했던 내 마음 구석에서 작은 미소가 손짓하고 있었다. 내일은 그 친구에게 내가 먼저 전화해야겠다. TV에서 자주 보는 개그 프로그램도 고개를 가로로 흔드는 내용보다도, 작은 일에 감사하다며 고개를 위아래로 끄덕이는 긍정적인 프로그램이 많이 만들어졌으면 좋겠다.

어떤 죽음

한 젊은이가 갑자기 세상을 떠났다. 학교 동창생의 연락을 받고 장지에 갔다. 산에 모인 250여 명의 조문객들이 젊은이의 죽음 앞에 고개를 숙이고 있었다. 성당의 종소리 같은 잔잔한 합창단의 목소리가 분위기를 측은하게 만들었다. 죽음은 생명의 끝인 줄 알았는데 꼭 그렇지만은 않단다. 씨앗은 땅속에서 죽어 썩으며 새로운 생명을 잉태하여 새싹을 피우듯 죽음이 끝이 아니라는 집도자의 말이 그 시간 우리들에게 조금 위안이 되었다.

묘소 앞면은 탁 트여 시원스럽다. 산 아래 들녘은 실개천이 구불구불 펼쳐 있고, 왼쪽 산 너머에는 몇 채의 집들이 옹기종기 모여 촌락을 이루고 있다. 오른쪽 산에 빽빽이 서 있는 나무들은 이파리를 모두 땅에 떨어트려 겨울에 대비하고 있었다. 한국적 명당인

배산임수背山臨水 조건을 갖추고 있어 보였다. 산속 양지바른 곳에 이미 파놓은 구덩이가 있었다. 그 주변에는 금방 파놓은 누런 흙더미가 떡가루처럼 보송보송하게 만들어져 있었다. 구덩이 앞쪽에는 환하게 웃으면서 찾아온 친구와 손님에게 눈인사를 나누는 젊은이의 영정 사진이 있었다. 하얀 고양이 한 마리가 많은 손님 중에 끼여서 슬픈 표정으로 묘소를 지켜보고 있었다. 아마 젊은이가 평소 그 고양이를 예뻐했나 보다.

드디어 하관식이 거행되었다. 흰 천으로 둘러싸인 젊은이는 그 구덩이 속에 반듯이 뉘어져 다음 순서를 기다리고 있었다. 묘소 바로 옆에 젊은이의 부모는 눈물을 글썽거리다가 슬픔을 참지 못하고 울음을 터뜨렸다. 아버지는 말문을 열었다.

"잘 가거라, 아들아. 지켜주지 못해 미안하다. 너에게 평소에 칭찬을 별로 하지 못했구나. 네가 못 이룬 꿈을 네 동생이 이루도록 해 주거라. 사랑하는 아들아."

짧으면서도 비교적 큰소리로 얘기할 때 나도 눈물이 났다. 이야기가 끝난 뒤 아버지는 갑자기 자기가 입었던 상의를 벗어 누워있는 젊은이에게 덮어주려고 했다. 오늘 같은 추위에 감기 걸릴까 봐 안타까운 생각이 들어 그랬을 것이다. 그러나 옆에 있었던 가족들이 얼른 빼앗았다. 그냥 편하게 보내 주자고 했다. 그 뒤 묘소 주변에 커다란 보따리가 등장했다. 보따리 속에는 젊은이가 평소 즐겨 사용했던 용품이 들어 있었다. 얼룩무늬의 철갑모, 기다란 총

Be The Reds!
18.06.2006

과 모형탱크, 그리고 얼룩무늬의 군복과 신발, 훈장과 메달도 있었다. 물건을 묘소에 하나하나 가지런히 묻어주면서 아버지는 연신 눈물을 흘렸다. 나중에 알고 보니 젊은이는 육군 포병 출신으로 제대 후 서바이벌 게임의 프로 선수로 국내외대회에서 참가하여 여러 개의 메달을 딴 국가대표 선수라고 했다. 그래서 그가 평소에 즐겨 사용했던 게임기구와 장비를 저세상에서도 사용토록 배려한 것이 하관식에 참여했던 우리의 마음을 더 슬프게 했다.

이번에 세상을 하직한 젊은이 부친이 나하고 학교 동창이다. 만약에 내 가족에 불행이 왔다면 오늘처럼 많은 조문객이 찾아올까 하는 생각이 들었다. 성당의 많은 교인과 젊은이의 친구들도 참여했고, 현역 국회의원이 2명, 시장과 시의회 의장도 눈에 띄었다. 젊은이의 가족들은 평소에 인간관계가 원만하고 이웃에게 좋은 일을 많이 베풀었기에 오늘과 같이 많은 조문객이 찾아온듯하여 부럽게 생각되었다.

가족들이 묘소 주변에 뿌려놓은 국화 꽃송이 속에서 젊은이는 그렇게 이세상과 하직을 했다. 살아있는 모든 생물들은 언젠가 한 번은 간다. 다만 그때가 언제일지 모르지만 말이다. 살아있을 때 남에게 원망을 듣지 말고 가는 날 편안하게 자연으로 돌아갈 수 있는 마음의 자세가 필요할 것 같다. 평소 건강할 때 가까이 있는 가족에 관심을 보이며, 좀 더 따뜻하게 대하고 싶다. 나는 우리 가족을 다시 생각하게 되었다. 평소에 가족에게 별로 칭찬을 하지 못하고 오히려 작은 실수를 꾸짖기만 하지 않았는지 반성해보았다. 이제부터라도 내 가족과 이웃에게 비난을 받지 않는 떳떳한 삶을 살고 싶다.

한 젊은이의 죽음으로 그 가족이 뿌린 눈물은 묘소를 찾아온 많은 사람들에게 가족의 의미를 다시 한 번 생각하게 하는 메시지를 주었다. 이제는 친구 가족이 빨리 안정을 되찾았으면 좋겠다. 젊은이가 좋은 세상에 다시 태어나 환하게 웃는 날이 빨리 왔으면 좋겠다.

탈춤

춤은 인생을 즐겁게 한다. 세계문화유산으로 등재된 안동 하회마을에 갔다. 마을 모퉁이에 자리 잡은 탈 전수관에는 이미 공연장을 꽉 메운 관광객이 박수를 치며 웅성웅성거리고 있었다. 3,4백명의 관객은 비좁게 엉덩이를 시멘트 바닥에 붙이고 앉아 부채로 더위를 쫓고 있었다. 중요무형문화재인 하회별신굿탈놀이를 공연하기 위해 한복 입고 탈을 쓴 춤꾼들의 표정이 밝았다. 유난히 높은 콧대에 딱 벌어진 입. 웃고 있는 눈과 둥글게 올라간 볼때기, 움직이는 입술을 바라보면 웃음이 저절로 난다. 요란한 장구와 북소리에 어울린 사물놀이 가락에 맞춰 덩실덩실 춤꾼들이 엉덩이를 흔들면 나도 모르게 어깨가 들썩인다.

살아가면서 체면 때문에 자신의 본심을 숨기고 다른 행동을 하

는 게 우리네 삶이다. 그러나 탈을 쓰고 하는 연기는 인간의 본연의 행동으로 비춰지는 듯하여 고개가 끄덕여진다. 사람의 원초적 본능인 식욕과 배가 부르면 찾게 되는 이성에 대한 갈망을 유머러스하게 표현하여 공감을 이뤄 즐거움으로 다가온다.

하회 별신굿은 안동 하회마을의 수호신인 성황님께 마을의 평화와 풍년농사를 기원하는 굿이란다. 하회마을에서는 500여 년 전부터 성황신에게 별신굿을 해왔으며 굿과 더불어 탈놀이를 즐겼단다. 이제 하회마을은 세계문화유산으로 등록되고 많은 관광객이 찾아오고 있었다.

웃음을 짓게 하는 백정마당에서는 힘의 상징인 황소를 때려 눕

혀 염통과 우랑을 떼어서 관중을 향해 해학적인 말로 희롱을 하여 성에 대해 겉으로는 내색하지 않는 지배층의 권위의식을 풍자하고 있었다. 파계승마당에서는 부녀자가 연지곤지를 바르고 실눈썹을 가늘게 뜨고 길가에서 소변을 본다. 길을 가던 스님이 이 광경을 보고 묘한 분위에 휩싸여 부녀자와 어울려 춤을 추며 놀다 주민에게 발각된다. 인간의 본능적 갈등을 풍자함과 동시에 파계승의 타락상을 엿볼 수 있었다. 그밖에 양반과 선비마당에서는 허풍과 위세를 부리며 살아가는 양반의 모습과 서민들의 소탈한 모습에서 신랄한 풍자와 해학을 담고 있었다.

우리 삶은 주변의 눈치와 체면 때문에 많은 제재를 받는다. 그래서 허례허식에 꽉 차 있다가 진실이 밝혀지면 스스로 허탈해지고 만다. 그래서 탈춤을 감상하는 이들의 웃음소리가 그칠 줄 모른다. 춤추는 모습을 보고 있노라면 나도 모르게 근심걱정이 멀리 달아나는 것 같다. 웃음이 메마른 세상 관객 모두 한바탕 웃고 났으니 기억에 남는 재미있는 공연이다. 관객 모두가 탈춤의 내면에 동감하고 있는 듯하다. 우리의 진실한 삶에서도 인간의 탈을 벗겨도 진실한 인간 본연의 모습이 아름답게 다가와 가까운 이웃에게 웃음을 주는 일들이 훨씬 많았으면 한다.

합격자 발표

문화해설사 합격자 명단에 내 이름이 없었다. 순간 머릿속이 몽롱해지며 하늘이 무너지는 듯하고 온몸에서 힘이 빠졌다. 절망이라는 단어가 머리를 스쳤다. 합격자 발표하기 전 우연히 복지관 사무실에 들러 수강 신청을 하고 있었는데 옆에서 복지관 직원이 합격자 명단을 복사하고 있었다. 명단을 곁눈질해서 언뜻 보니 내 이름이 보이지 않았다. 그 직원은 복사했던 명단을 한손으로 얼른 가리고 생긋 웃어버려 더 자세하게 볼 수 없었지만 내 이름이 없으니 불합격 사실을 확인해버린 꼴이다.

그런데 참 이상하다. 분명히 필기시험 잘 보았는데 불합격이라니 어처구니가 없었다. 필기시험 후 정답을 맞춰보니 틀린 문제가 하나도 없어 거의 만점이라고 스스로 판단하고 있었다. 그런데 불합격이라니 기가 막혔다. 거기까지 생각이 멈추자, 필기시험 후 치른 면접시험에서 합격여부가 결정되었을 것이라고 추측해보았다. 면접관 질문에 답변을 고분고분 했어야 하는데, 정성을 들이지 않고 내 생각을 멋대로 쉽게 말해 버렸던 기억이 후회되었다.

직장에서 정년퇴직했으니 현재 내 직업은 화백(화려한 백수)이다. 다행히 정부에서 추진하는 사업 중 일자리 창출에 문화해설사 모집 광고가 있어, 나도 실업자 신세를 면할 기회라고 여겨 관련 책자를 부지런히 공부했었다.

그 합격자 명단에서 내 이름이 빠졌다는 사실이 확인된 순간, 내가 시험에 응시했다는 사실을 알고 있는 탁구동아리 회원에게 어떻게 불합격 사실을 설명해야 할지 모르겠다. 또 우리 가족에게 무어라고 구차한 변명을 늘어놔야 될지 암담했다. 합격한다면 금년 내내, 비록 일주일에 2회 정도 전주 덕진 공원에서 일을 하고 적은 보수를 받지만 보람을 느낄 수 있을 것 같다. 실업자 신세를 면하고 '문화해설사'라는 직업을 가졌다고 떳떳하게 밝힐 수 있는 기회를 상실했으니 기분이 매우 언짢았다. 이번 시험 낙방은 직장 퇴직 후 내 인생에 있어 오점으로 남을 것이며, 응시했던 다른 동료와 경쟁에서 패배했다는 자괴지심이 들어 더 씁쓸했다.

시험은 인생의 바로미터다. 취업을 위해서 치열한 경쟁을 한다. 취업시험이나 승진시험에 합격하는 일은 부러움을 받으며 그 사람 인생길이 탄탄대로에 들어서는 일이다. 젊어서 공부는 인격형성을

위해 중요한 일이지만, 취업에 제일의 목적이 되고 있음을 어느 누구도 부인할 수 없다. 시험에서 낙방은 커다란 짐이 되어 그 사람의 어깨를 짓누르며 인생길을 바꿔 놓는다. 시험에 한번 실패했어도 다시 도전하여 쟁취하는 자세가 필요하겠지만. 오죽했으면 젊은이들에게 "결혼은 선택, 직장은 필수"라고 했을까. 나는 운이 좋아 1967년도에 총무처주관 9급 공무원 시험을 20세에 합격하여 40년간 교육 행정직 공무원의 길을 걷다가 퇴직했다.

그러나 이번 문화해설사 모집시험에 불합격을 확인하고, 어수선한 마음으로 풍물수업 강의실에 들어갔다. 평소에 풍물을 치는 일은 흥미로운데, 오늘은 수업이 영 재미가 없었다. 온통 내 마음은 왜 떨어졌을까? 정식으로 합격자 명단이 발표되면 시험담당자를 찾아가 낙방한 원인이 무엇인지 항의를 해봐야겠다고 벼르고 있었다.

드디어 합격자 발표시간인 그날 오후 2시가 되었다. 풍물수업을 마치고 합격자 명단이 붙어있는 게시판으로 무거운 발걸음을 옮겼다. 합격자가 대체 누가 되었는지 확인하려고 여러 사람 틈새에 끼여 초조하게 바라보았다. 아! 거기에는 내 이름이 들어가 있었다. 눈을 비비고 다시 보았다. 틀림없이 내 이름 석 자가 합격자 명단에 들어가 있었다. 내가 사무실에서 안경 너머로 슬쩍 바라본 명단은 전체를 보지 못하고 일부만 살펴보았기에 잘못 본 것이다. 순간 창피했던 마음이 사라지고 내 몸이 하늘 높이 둥둥 떠 있는 것 같았다. 이제 시험담당자를 찾아가 애처로운 얼굴로 항의를 하지 않아도 되니 기쁘다. 벽에 걸린 거울에 내 얼굴을 비춰 보았다. 흐뭇한 표정의 얼굴을 오랜만에 발견했다. 행복은 마음먹기에 따라 멀리 있지 않고 바로 옆에서 나를 따라 웃고 있었다.

소금 그 짠맛

음식 맛을 내는 비결은 매운맛과 짠맛을 조화시키는 일이 비결이란다. 조상에 대한 고마움을 중년이 된 지금에서야 비로소 조금은 알게 되는 것 같다.

내가 어렸을 때 숙부를 따라 집안 모임인 중시조 묘사에, 남원과 고창 그리고 경상도 안동의 종사에 종종 참석했었다. 그 당시 철이 없어 바쁜 나를 왜 어른들의 행사에 데리고 가느냐고 불평도 했었다. 그러나 이제 생각해보니 어른들의 행사에 참가했던 기억이 어린 시절의 추억으로 다가온다. 요즘 직장에서 퇴직 후 집안 어른의 통지를 받고 종사 일에 참여하여 족보 편찬위원이라는 감투를 쓰게 되었다. 대동보를 만들려면 3년쯤 걸려 만든단다. 족보를 만드는 데 필요한 개개인의 수단收單을 받다 보면 하루해가 훌쩍 가버린다.

요즘 젊은 세대에서는 조상에 대한 개념이 줄어드는 것 같아 아쉽다. 족보 만드는 일은 귀찮은 일이라고 치부해 버리는 듯하다. 호적법이 개정되어 부부중심의 핵가족제도로 대부분 이뤄 살고, 그 여파로 조상숭배의 정신이 점점 약화되는 경향이 있는 점도 사실이다. 이대로 몇 년이 지나면 일가친척의 관계가 단절될지도 모를 위기에 처할 수도 있다. 조금 옛날에는 군인이 별을 다는 장군 진급이나, 공직에서 판서(장관) 임명을 하기 위한 심사를 할 때는 그 집안의 족보를 챙겨보며 그 가족의 내력을 살펴보았다고 한다. 양반 개념을 지나치게 따지는 일은 안 될 일이지만 조상의 내력을 보는 일은 '효의 기본'으로 여기고 싶다. 3~40년 만에 발행되는 대동보(족보) 만드는 일도 나의 입장에서 보면 집안의 훌륭한 선조의 발자취를 다시 한 번 살펴볼 수 있어 보람된 일이다.

우리 선조가 나라가 위태로울 때 어떤 일을 했느냐가 처음에는 관심의 대상이었다. 통일신라 때 해상왕 장보고가 비시조鼻始祖이다. 왕건이 고려를 세울 때 장정필은 경상도 호족으로 나라를 세우는 데 일조를 하여 개국공신이 되었다. 또 고려 현종 때(서기 1010년) 충숙공 장연우는 대륙의 거란족을 물리치는 데 큰 공을 세우고 호조상서(재무부장관)를 지냈다. 당시 전쟁으로 국가의 재정이 어려워지자 조세정책을 바로 세우려다 오히려 간신배에게 몰려 누명을 쓰고 귀양을 가게 되지만 나중에 진실이 밝혀진다. 애국지사도 있다. 일제강점기에 잃어버린 나라를 되찾으려는 우리 독립군에 물자를 제공하다 체포되어 옥살이를 한 선조가 있다. 전주 건지산 자락에 건립되어 있는 독립운동 추념탑에 장병구라는 이름이 아름답게 새겨져있다. 또 효자도 있다. 조선 고종왕 때 찬극은 어머니가 위독하자 자기 손을 칼로 베어 피를 먹여 회생시켰다. 효자로 소문이 자자하여 조정에서 효자 상을 받았다. 또 다른 어른은 3대(18세 응량, 19세 건, 20세 안세)에 거쳐 연속해서 과거에 합격해서 벼슬을 하였기에 자부심을 가져 본다. 내 후손도 조상의 빛나는 업적을 자주 보고 들으면 선조에 뒤지지 않는 사람이 될 수도 있다.

조상의 발자취를 더듬고 다시 한 번 뒤돌아보는 점은 효의 근본으로 우리 민족의 아름다운 전통이다. 부모님이 건강하실 때 자주 찾아뵙고 형제간에 우애하는 일을 말이 아닌 행동으로 보인다면 얼마나 좋을까? 그러나 젊은 시절 바쁘게 살다보면 기회가 저만치 달아난다. 정성을 다해야 할 부모 형제가 아주 먼 곳에 계신다. 그래서 나이가 들면 먼발치에서 조상을 바라보는 종사 일에 관심을 가지게 되는 모양이다.

항상 먹는 음식은 짜고 매우면 우리 몸에 좋지가 않다. 엉겁결에 종사에 참여하다 보면 처음 먹어보는 소금 맛처럼 짜고 고추처럼 맵다. 자기 주장들이 강하여 타협이 잘 안 되고 마치 싸우러 온 사람처럼 느껴진다. 그러나 종사일은 여러 번 깊게 참여하다 보면 싱겁지도 않고 짜지도 않은 중용의 슬기를 조상의 발자취에서 배우고 느낄 수 있었다. 그 짜릿하며 얼큰하며 매운맛을 고루 느낄 수 있어 종사 일에 한번 빠지면 오랫동안 묻혀 헤어나지 못하고 사는가 보다. 그래서 피는 물보다 진하다고 하나 보다.

두 번째 일본 여행

일본에서 자동차를 타면 왼쪽 도로로 달린다. 차량의 운전석과 출입문도 우리와 반대쪽에 있어서 여행 첫날에는 헷갈린다. 관광버스를 타고 코너를 돌 때, 앞쪽에서 달려오는 차량과 충돌할까 봐 좌석에 앉아 있는 내 오른쪽 발끝에 힘이 주어진다. 국왕이 있는 영국, 태국, 일본은 약속이나 한 듯 아직도 차량이 왼쪽 도로로 달린다. 오른쪽 도로에서 달리는 것보다 교통사고율이 적다고 한다. 우리 일행 15명을 태운 미니버스가 일본 도쿄 주변을 서너 시간 달리면서도 차 안에서는 음악을 틀어놓지 않았다. 안전벨트가 설치되어 있으나 착용하라고 한마디 말도 하지 않았다. 우리를 태운 버스가 과속을 하지도 않았다. 그저 마치 병아리가 어미닭을 따라가듯 앞차만 졸래졸래 따라 달린다. 가이드의 말에 의하면 일본에서 처음 운전을 하면서 10㎞쯤 과속으로 달리다가 적발되어

백만 원의 벌금을 물었단다. 거리에서는 교통순경을 찾아보려 해도 보이질 않았다. 4일간 시즈오카, 닛코, 도쿄, 하코네 등의 일본 중부지방을 여행 하면서 사고 차량을 한 대도 보질 못했다.

이번 여행지가 일본 수도 도쿄 중심가이지만 자전거 이용자가 많았다. 아침에 자전거로 통학하는 학생들도 많았다. 여학생이 치마를 입고 그냥 자전거를 타고 등교했다. 슈퍼마켓 앞에는 찬거리를 준비하려는지 자전거를 탄 여성이 많았다. 그런데 주차장은 찾아볼 수 없고 길거리에 자전거가 줄지어 보관되어 있다. 우리나라에서 몇 년 전에 자전거 전용도로를 만든다고 법석을 떤 일이 있었다. 자동차 한 대 보관할 장소라면 자전거를 20대 보관할 수 있다는 말이 생각났다. 우리나라는 시내에서 자전거 사용이 생활화되기에는 아직 멀었다.

일본에서 고속도로를 달렸다. 도로에 휴지조각은 물론이고 흙이나 지푸라기 하나가 보이질 않는다. 도로가 깨끗하여 흙먼지가 날리지 않으니 하얀 옷을 입어도 3~4일은 거뜬히 지내고, 내가 낀 안경도 깨끗하다. 고속도로변의 나무 울타리는 빨강 단풍과 연두색 측백나무가 색동저고리를 입고 나란히 서 있어 보기 좋았다. 또 고속도로의 방음 담장이 투명하게 설치되어 있어 시골풍경이 시원스럽게 보였다. 우리나라도 최근에 시설하는 고속도로 펜스는 투명으로 설치되고 있어서 다행이다. 고속도로 휴게소에 들렀다. 휴지는 물론 돌덩이 하나 찾아볼 수가 없다. 나는 일부러 휴게실 구석을 찾아가 자세히 살펴봤다. 휴게실 한쪽 모퉁이에는 담배꽁초 두서너 개가 버려져 있긴 하였다. 사람이 사는 곳이기에 완전할 수는 없었지만 대체적으로 깨끗했다. 화장실 수도꼭지는 손만 대면 물이 즉시 나와 편리했다. 우리나라 고속도로 화장실도 일본의 시설에 뒤지지 않는다. 공중화장실 관리가 그 나라 문화척도의 기준이 되는 것 같았다. 중국이나 태국으로 여행을 하면 물건 하나라도 더 팔기 위해 관광객을 귀찮게 한다. 일본인들은 상점에서 자기 나라 제품만 취급하며 상품을 하나라도 더 팔려고 하지 않아 여행객의 마음이 좀 편했다. 아마 잘사는 나라의 여유일 수도 있다.

일본이라고 우리보다 모든 면이 낫다는 생각은 아니다. 도쿄 신주쿠 공원에 갔었다. 공원 잔디밭에는 거지들이 두툼하게 옷을 껴입고 잠을 자고 있었다. 가이드 말에 의하면 일본 공원 거지는 관광객에게 손을 내밀지 않는단다. 낮에는 나무 그늘에서 잠을 자고,

날이 어두워지면 공원 쓰레기통을 뒤져 끼니를 해결한단다. 쓰레기통에서 관광객이 버린 음식이 뷔페식이어서 골라서 먹는단다. 음식이 좀 상했어도 위장이 단련되어 잘 소화시킨단다. 한겨울에는 구멍가게의 물건을 훔치다가, 일부러 경찰에 붙잡혀 3~4개월 동안 유치장에서 따뜻하게 겨울을 보낸단다. 또 우리가 단체로 온천탕에 갔을 때 손님에게 타월을 제공하지 않아 개인적으로 구입해야 하는 점이 불편했다. 숙소에서 제공하는 면도기가 옛날식 제품이라 아침 면도가 잘되질 않았다.

일본인은 누구를 만나든 상대에게 친절하게 대하는 태도가 부러웠다. 운전기사도 우리와 눈만 마주치면 하루에 몇 번이고 먼저 웃으며 인사를 했다. 작은 일이라도 주어진 일을 열심히 하며, 남에게 피해를 안 주려는 자세가 좋아 보였다. 내가 20여 년 전에 일본에 처음 갔을 때는 일본과 우리나라의 생활태도에서 많은 차이점이 있다고 느꼈었다. 솔직히 그 당시에는 약간 내 자신이 부끄러웠었다. 그러나 이번에 일본을 다녀본 소감은 달랐다. 이제는 우리 국민 대부분이 기본적인 질서를 지키고 예의가 바르며, 외국인에게 친절하다. 서울 올림픽과 월드컵 축구 등 국제적인 행사를 치르면서 국민의식이 선진화된 까닭인 듯싶다. 참으로 자랑스러운 일이 아닐 수 없다. 앞으로 조금만 더 노력하면 우리도 세계 속의 자랑스러운 국민이 될 수 있다.

하이힐과 커피

하이힐을 오래 신고 걸으면 허벅지 근육이 발달하여 건강에 좋다는 발표가 나왔다. 육상 선수는 훈련량에 따라서 아킬레스건이 발달하여 유명선수가 결정된다고 알려졌다. 여성의 날씬한 모습은 하이힐을 신은 모습에서 날씬한 몸매가 나오기도 한다. 키 큰 남성과 하이힐을 신은 여성이 걷고 있는 모습은 준비된 한 쌍의 그림이다.

그러나 하이힐을 오래 신으면 발가락이 힘들어하겠지. 구두를 벗은 발가락 모습이 기형이 되기도 하지만 그래도 여성은 하이힐을 신고 다니는 모습을 자주 본다.

요즘 하이힐을 오래 착용하면 다리의 건강에 나쁘다고 단점이 지나치게 부각되자 아마 구두협회에서 발끈한 모양이다. 추측이지

만 아마 로비를 한 모양이다. 관련협회에서 하이힐을 신고 다니면 미적 장점과 허벅지에 오히려 건강에 도움이 된다는 내용으로 맞불을 놓은 것이 아닐까? 정말 하이힐을 오래 신으면 근육을 단련시킬까?

오랜 역사를 가진 하이힐에도 장단점이 있듯 많은 사람이 즐겨 마시는 커피도 그렇다. 나는 커피를 좋아하지 않는다. 오후에 커피를 마시게 되면 저녁에 잠이 도망간다. 카페인 들어 있어 그런지 잠을 빼앗고 서양인에 비해 기름기를 적게 먹는 동양인에게는 좋지 않다고 한다. 그래서 나는 국산차인 허브차나 율무차를 주로 마신다.

그러나 커피는 하루 한두 잔은 치매예방에 좋고 장수식품이라고 선전이 요란하다. 우리 주변에 맥심 커피라는 큰 기업이 있다. 큰 상금이 걸린 바둑대회도 열고 커피에 관련되는 재미있는 작품도 크게 모집한다. 아마 커피 회사에서는 커피의 장점을 알리기 위해 최선을 다할 것이고 그 홍보 역할로 많은 사람들이 오래도록 커피에 취향을 가지고 있어 기호식품으로 유지하는 것 같다. 정말 커피를 많이 마시면 건강에 좋을까?

외출을 할 때 하이힐을 신고 장시간 걸으면 부작용이 있듯이 문명의 음료인 커피도 지나치게 사용하면 바보가 되기도 한단다. 하이힐을 신고 카페에서 커피를 마신다는 것은 상상만으로는 멋진 풍경임은 틀림없다. 요즘 젊은이 들이 지나친 이용은 중독이 되어 후회할 수도 있으니 필요할 경우만 적정하게 이용하여야 할이다. 생활의 필수품은 살다 보면 자연히 결정되는 것이지 인위적으로 결정된다면 부작용이 나기 마련인 듯하다.

짱~ 병선의 빨주노초

40년 동안의 직장생활을 마친 나는 제2인생을 시작한 사회 초년생이다. 옛날 어른들이 말씀하기를, 시골 사람이 서울에 가서 눈감고 가만히 있으면 코를 베어간다고 했었다. 요즘에는 우주선을 타고 달나라를 가며, 스마트폰을 걸면 통화하는 사람의 위치 파악도 가능한 세상인데 어찌 그렇게 되랴 싶었다.

얼마 전 일이다. 집안 선조의 묘를 정비하려고 가까운 곳에 자그마한 야산을 구했다. 마침 구입한 야산의 일부가 개발되어 밭으로 되어 있었다. 처음에는 내가 작물이라도 직접 재배해 볼 욕심을 가졌었다. 그러나 아직 농사지을 준비가 되지 않았고, 마음의 여유를 조금 갖고 그저 편하게 지내고 싶었다. 고구마 농사를 짓는 농민을 찾아 경작권을 주었다. 나에게 50만 원을 선불先拂로 준다며 계좌 번호를 알려달라고 했다. 그러나 그 돈을 내가 받으면 금방 호주머니에서 녹아 없어질 것 같아, 나중에 생산물인 고구마로 받기로 했었다. 농민은 나에게 고맙다며 생산물로 줄 것을 철석같이 약속했었다. 가을에 고구마를 받으면 친척들과 지인들에게 나눠주며 내가 지은 농산물이라고 허풍을 떨며 자랑하고 싶었다. 그 뒤 가끔 고구마 밭에 가보니 초록색 이파리는 따가운 햇살을 마시며 무럭무럭 자라고 있었다.

늦가을, 드디어 고구마 수확하는 날이 되어서 기쁜 마음으로 찾아갔다. 금방 캐놓은 고구마가 먹음직스럽게 보였다. 그런데 그 농민은

"금년은 고구마 수확이 통 안 되네요."

연막작전을 피우더니 고구마를 10박스만 내놓는 것이었다. 시가가 박스 당 만오천 원 하니까 결국 15만 원으로 해결하려고 하는 것이 아닌가. 내가 사회 초년생인 것을 알고 이제 와서 딴소리를 하는 것으로 느껴졌다. 순간 35만 원이 한방에 날아가고 말았다. 물론 돈이 문제가 아니었다. 하도 어이가 없어서

"약속도 계약인데 이제 와서 오리발을 내밀면 안 되죠."

항의해 보았으니 막무가내였다. 작은 일이지만 말로 했던 약속은 사회 초년생인 나에게 결국 통하지 않았다. 하기야 농민의 말대로 경비가 많이 들고 고구마 농사가 흉년이라며 그렇게 주장할 수도 있을 것이다. 그러나 이제 와서 쌍방이 다짐한 언약인데 일방적으로 무시해 버리니 그 농민이 미웠다. 사람과 사람 사이에 가장 중요한 일은 신뢰와 믿음인데……. 결국 약속을 헌 신짝 버리듯

했으니 정말 야속하였다. 내가 젊었을 때였으면 크게 언쟁을 하였을 것이다. 그러나 이제는 나도 환갑이 지났고, 자녀들도 출가를 했으니 먹여 살릴 식구가 줄었고, 매달 나오는 연금이 있으니 얼굴 붉힐 일이 아니라고 자위하고 말았다. 고구마 박스를 차에 싣고 혼자 구시렁거리며 집에 오면서 곰곰이 생각해보았다.

'농민도 오죽했으면 그랬을까?'

몇 해 전 고속도로 진입로에서 붉은 띠를 두르고 데모하던 농민들이 눈에 아른거렸다. 또 도청 광장에 벼를 산더미처럼 쌓아놓고 비를 맞으며 데모하는 사람들이 생각났다. 농사에 필요한 재료값은 해마다 올라가고, 인건비가 하늘로 치솟으니 이제는 농민이 먹고 살기가 벅차다는 말이 떠올랐다. 집에 도착하여 고구마를 차 트렁크에서 내리는데 집사람은

"어찌하여 표정이 시무룩하지요?"라고 물었다. 나는 먼 산을 바라보며 한바탕 허탈하게 웃고 나니 조금은 마음이 가라앉았다. 이제는 직장을 퇴직하고 제2인생을 살아가면서 작은 일로 화를 버럭 내며 누굴 원망할 것이 아니라 상대방을 이해하는 자세가 조금 필요한 듯싶었다.

지난해 말, 내가 사는 주민 자치센터에 찾아가 복지담당자와 상담을 했다. 퇴직공직자로서 봉사할 수 있는 일자리를 부탁했더니 우리 마을의 작은 도서관을 소개해 주었다. 우리 집에서 걸어서 5분이면 갈 수 있어 좋았다. 나는 일주일에 두서너 번씩 찾아가 무료봉사를 하고 있다. 얼마 전에 세워진 작은 도서관으로 주로

초등학생들이 찾아와서 책을 읽고 나면 주변이 어지럽게 널려있다. 열람 후 무질서하게 놓인 책들이 제자리를 찾아가도록 하고 주변을 정리하는 일이 내 몫이다. 물건도 일이 끝나면 제자리에 되돌아가야 아름답게 보인다. 그러나 아직 꼬마 학생들이기에 제자리를 가리켜도 눈만 껌벅거릴 뿐이다. 어느 꼬마는 진열장에 올라가 위험스럽게 뛰어내리기도 한다. 겁 없는 아이들이 귀엽기도 하지만 사고 날까봐 조마조마한 마음으로 재빨리 내려준다.

일주일이 쉽게 간다. 퇴직 후 나는 생활단위가 매월이 아니라 일주일이다. 월요일에는 취미생활을 하고, 수요일은 친구들과 등산을 가며, 목요일은 컴퓨터를 배운다. 토요일은 도서관에서 봉사하는 날이다. 그래도 시간의 여유가 있다. 그간 참석을 못했던 씨족 모임에 이제는 매번 나간다. 직장이나 사회에서 운이 좋게 출세하는 사람은 선조의 명당바람이라는 이야기를 웃어른한테 귀가 따

갑도록 들었다. 조상의 음덕蔭德이란 대체 무엇일까? 이제는 좀 풍수지리에 관심을 갖고 싶어 J 대학의 평생교육원 풍수과목에 수강 신청하였다. 조상의 묘소는 햇빛이 잘 드는 따뜻한 남향이면 최고라고 평소 생각하고 있었다. 그러나 아직까지 일각에서는 대체 무엇이 그렇게 작용했기에 유명인만 되면 선친의 명당 찾기에 혈안이 되는지 그 실체를 알고 싶었다. 매주 금요일에 3시간씩 풍수에 대한 강의를 받는다. 좀 더 수강하면 타당한 이유를 찾을 수 있을까? 이미 내 선친이 모신 조상의 묘소에 대해서는 관리를 잘 해야 후손의 도리이겠지만, 내 자신은 사후死後에 그렇게 좁은 국토를 더 이상 축내고 싶진 않다. 인간으로 태어나 자연의 해택을 받았으니 이제 자연으로 순수하게 돌아가야 하지 않을까? 내 몸이 한 줌의 재로 변하여 강물 따라 넓은 태평양으로 가거나, 수목장으로 가는 길이 자연스러운 길이라고 생각해 본다.

바쁜 꿀벌은 슬퍼할 틈이 없다고 했던가. 그래서 나는 금년 초에는 마을 회관에서 운영하는 풍물반에 입학을 했다. 호남 우도 사물놀이는 진작부터 배우고 싶었던 과목이었다. 사물놀이는 꽹과리, 장구, 징, 북의 네 가지 악기가 어울리는 우리 민속 고유 놀이다. 평소 흥겨운 가락에 관심이 있어 배우고 싶었다. 사물놀이 대가인 김덕수가 흥에 겨워 온몸으로 연주하는 모습을 보면 나도 모르게 황홀해진다. 세계 음악 콩쿠르에 참가하여 관람자 전원으로부터 기립박수를 받는 장면은 인상적이었다. 먼저 장구부터 배우기 시작했다. TV에서 보고 들을 때는 금방 따라할 것 같았으나 내가 해보니 쉽지 않았다. 첫째 마당 중 휘몰이, 질굿을 배울 때만 해도 그럭저럭 따라갔지만 이음굿으로 이어지는 변화무쌍한 가락을 익히기는 쉽지 않았다. 궁채와 열채를 번갈아 가며 치는 순서가 몸에 익혀서 손이 저절로 따라가야 했다. 가락을 외우는 일이 힘들고, 강사가 가끔 실습을 시키면 익혔던 장단도 까먹어 버려 웃음바다가 되어버리니 창피하여 배우는 것을 포기하고 싶었다. 그러나 오래전부터 퇴직 후 배우기로 한 나 자신과의 다짐이니 만큼 천천히 익혀가며 배우기로 했다. 낙타가 사막을 완주하려면 천천히 걸어가야 목적지에 도달할 수 있다고 했던가. 더덩궁구, 궁따웃타, 궁타구, 궁타타의 이음새 가락이 멋져서 계속하려고 한다. 머지않아 다가올 동료들의 고희 잔칫날에는 사물놀이 마당의 일원으로 참여하여 한바탕 놀이를 벌일 수 있다는 희망을 가지고 연습을 계속하려고 한다.

산에서 만난 어느 도인에게 젊은이가 물었더란다. 인생의 교훈이 될 한 말씀을 해달라고. 그러자 그 도인은 흰 수염을 쓰다듬으면서 "껄껄껄" 천천히 웃으며 세 마디로 요약했단다. 첫 번째 '껄'은 인생을 살면서 좀 더 많이 참을 껄이고 두 번째 '껄'은 좀 더 베풀 껄이며 세 번째 '껄'은 인생을 좀 더 즐길 껄이었다고 한다. 나는 도인의 말씀을 이제야 조금 이해할 것 같다. 사회 초년생인 내가 사회생활을 하면서 마음의 여유를 조금이라도 갖게 된 데는, 매월 꼬박꼬박 보내주면서 불평 한마디 없는 연금이라는 효심이 많은 아들의 덕이라고 자랑하고 싶다.

그리고 다시 봄-파랑

북쪽 하늘을 바라보며

–북쪽에 살고 있는 형에게

그리운 형님! 당신이 보고 싶습니다. 금년 봄, 가로수가 연두색 옷으로 갈아입고 산에는 진달래가 화사하게 피어있는 날 우리 집 창문을 활짝 열었습니다. 아마 올해 가을에는 이산가족 추첨에 우리 집이 상봉 가족으로 선정되었다고 우체국에서 반가운 편지가 올 수도 있겠지요. 행운을 얻어 형님을 만나 뵙는 날, 형님의 주름진 얼굴을 우선 두 손으로 꼬옥 만져 보고 싶네요.

아주 오래전, 형님은 스무 살 젊은 나이에 청운의 꿈을 안고 일본에 갔었지요. 그러나 조센징이라고 주변의 멸시를 받다가, 1961년 10월, 형의 나이 27세 때 오사카에서 북송선을 탔다고 오랜 세월이 흐른 뒤에 알았습니다. 동족상쟁의 6·25를 어떻게 보았기에 그 머나먼 북쪽으로 갔습니까? 남아있는 가족 생각은 눈곱만치도 생각하지 않고 그냥 훌쩍 가버린 것 아닙니까? 당시 우리나라가 4 · 19와 5 · 16이 일어났던 혼란기였다고 형님은 변명만 하시렵니까?

지금 하늘나라에 계시는 부모님의 고충이 가장 컸습니다. 어린 동생들이 살아가는 데 형님은 늘 걸림돌이었습니다. 동생들이 자라서 취업할 때나 또 외국 여행을 할 때, 신원 조회는 언제나 우리 가족의 가슴을 쓸어내리게 했지요. 북한에 형이 살고 있다는 이유, 그 하나만으로 걱정이 태산이 되어 밤잠을 설친 것이 한두 번이 아니었답니다. 결국 아버지는 자신의 손으로 자식을 행방불명신고를 해버렸습니다. 그날 아버님은 비정한 아비라고 가슴을 치며 펑펑 울고 말았습니다. 20여 년간 형님의 생사 소식도 모르는 상태에서 불가피한 선택이라고 여겨집니다. 우리 집 호적에서 형님은 결국 사망자로 정리되었던 것입니다.

그런데 1999년도 5월 머나먼 중국 땅 연변에서 조선족을 거쳐서 날아온 형의 편지 한 장은 우리를 몹시 당황하게 만들었지요. 우리 형제들을 너무 놀라 두려움에 주변을 살펴보게 만들었습니다. 30여 년이나 형님이 고이 간직했었던 본인 모습의 빛바랜 사진 한 장을 우편으로 받고 보니 분명히 살아있었습니다. 함경북도 함흥시 사포구역에서 결혼하여 1남 4녀를 둔 평범한 이산가족으로 살고 있었습니다. 그래도 혈육인데 어찌 원망만 하고 있겠습니까?

형님! 생각이 나는지요? 지나간 일들이 주마등처럼 떠오릅니다. 1954년 가을, 형은 하얀 교복에 하얀 모자를 쓰고 다니는 멋쟁이

해양대학교 학생이었죠. 일본에 교생 실습으로 파견 가기 전 어느 날이었죠. 형은 우리 집 막내와 나, 셋이서 들녘에서 메뚜기를 잡으러 다녔습니다. 햇볕이 따가운 그날 빈병을 들고, 나는 형을 졸졸 따라 다니며 논두렁과 콩밭에서 왕치도 방아깨비도 잡았습니다. 지평선이 보이는 호남평야의 들녘, 만경강의 맑은 공기를 마음껏 마시면서 평화롭게 거닐던 추억이 아련히 떠오릅니다. 어둠이 깔리도록 빈병에 메뚜기를 가득 채우다가 집에 늦게 왔다고 걱정하며 나무라시던 어머니의 목소리가 들려오는 듯합니다. 그날 저녁 메뚜기를 맛있게 구워 먹었습니다.

형님! 그간 TV에 이산가족 프로가 나올 때 우리 가족은 형님의 행방이 궁금하였습니다. 또 북한 동포가 자유를 찾아 그쪽의 생활상을 이야기할 때도 형님을 그려봤습니다. 어떻게 살고 있을까, 내 머릿속에 형님의 모습을 상상하다가 바쁜 사회생활에 쫓겨 잊곤 하였지요. 그러나 이렇게 생존해 있다는 소식을 들었을 때 머릿속이 어지러워 한동안 꿈을 꾸는 것 같았습니다.

우리 집 장롱 속에 오랫동안 묻혀 있던 형님의 편지를 다시 꺼내어 봤습니다. 일본에 잠시 살면서 보냈던 편지지요. 형님! 생각이 나는지요? 코흘리개인 내가 초등학교에 입학했다고 기뻐하며 축하해 주었죠. 꽃피는 봄날, 소풍 가는 학생을 볼 때 어린 동생들이 생각난다고 했지요. 과수원의 빨간 사과가 익어 갈 때도 동생이 그립다고 했죠. 형이 일본 오사카에서 주물공장의 선반공으로 일하면서도 생활비를 절약하여 동생들에게 학용품과 장난감을 소포로 보내주었습니다. 철모르는 나는 보내준 연필과 필통을 친구들과 이웃에 자랑하며 오랫동안 보물단지로 여겼습니다.

형님! 세월이 약이라 했던가요? 이제는 당신에 대한 미움이나 그리움도 세월 속에 묻혔습니다. 이곳 우리 4형제들은 아침 이슬을 먹은 풀잎처럼 싱싱하게 자라서 열심히 살고 있지요. 이제는 이곳 형제들도 어느새 모두가 50세 넘는 중년이 되었답니다. 중국 연변에서 생사 소식을 연결해 준 조선족에게 감사한 마음을 가지고 있습니다. 그러나 조선족을 통해 계속하여 편지를 주고받기는 쉬운 일이 아닙니다. 편지가 오가는 데 많은 시간과 절차에 따른 작은 오해 때문에 얼마 전 소식이 끊겼습니다. 반가웠었던 형님과 안부편지마저 다시 긴 이별의 터널 속에서 헤매고 있습니다.

형님! 우리 가족은 이산가족상봉 신청을 오래전에 하였지요. 우리 가족도 10만 명이 넘는 신청가족 중의 하나입니다. 가족 상봉은 천륜이기에 누구도 막을 수 없지요. 우리 가족도 이제는 제발 만날 수 있는 상봉가족으로 추첨이 되어야 할 텐데…. 요즘 황소걸음으로 진행되는 상봉의 기회가 조금 안타깝네요. 그러나 이산가족 상봉을 하기 위한 끈기와 열정이 있는 한 아마도 추석명절 때에는 대박이 날 수도 있겠지 하고 기다려봅니다.

그 행운이 우리에게 온다면 어서 금강산에 달려가 만나고 싶네요. 형을 만나면 나는 아무 말도 하지 않고 형님의 주름진 얼굴을 꼬옥 만져보고 싶네요. 그 다음 제발 우리 형제 중에서 나만이라도 눈물을 흘리지 않고 파란 하늘을 바라보며 걷고 싶네요. 삼일포 구름다리 위에 우리 형제가 나란히 서서 푸른 호수에 비춰 보며 웃으며 사진 찍고 싶습니다. 우리 형제의 얼굴이 얼마나 닮았는지. 누구의 주름살이 예쁘게 생겼는지 보고 싶네요. 형님! 건강하게 사세요. 꼬옥 만나고 싶어요. 어서 그날이 오기를 기대하면서, 형이 살고 있는 북쪽하늘에 이 편지를 띄웁니다.

남쪽에서 동생 올림.

2011년 7월 15일 우정사업본부 제12회 전국편지쓰기대회에 장려상을 받은 작품임.

금강산에서 만난 여자

그 여자는 편지를 조심스럽게 받더니 재빨리 호주머니에 넣었다. 금강산에서 내가 준 편지를 받은 여자는 입을 굳게 다물었지만 엷은 미소를 짓고 있었다. 새천년 8월, 남남북녀는 금강산에서 그렇게 인연이 되어 만났다. 그 당시 금강산에서 북한 사람과 관광객은 가벼운 대화는 가능했지만 물건을 줄 수도 없고 사진도 같이 찍을 수 없었다. 그런데도 가족에 대한 그리움이 한이 맺혀있던 나는 용기 내어 편지를 주었고 그 여성은 고맙게 받아 준 것이다.

나는 이산가족이다. 40년간 소식이 없어 돌아가신 줄 알았던 친형이 북한에 살고 있었다. 중국 연변을 경유해서 내 손에 배달된 빛바랜 사진 한 장은 형이 살아있다는 사실을 증명해 주었다. 우리 가족은 모두 꿈을 꾸는듯했다. 그야말로 죽은 줄 알았던 형이 살아

있다니…. 어린 시절 헤어져 생사를 몰랐던 형에 대한 그리움이 세월이 흘러 한동안 미움으로 변했었다. 형은 우리 집 호적에서 사망신고로 처리된 지도 오래되었다. 그런 형이 북한에 살아있다는 소식을 알고 난 후 통일부에 이산가족 상봉신청을 해 놓았다. 그 뒤 중국연변을 가운데 두고 반가운 소식을 몇 번 주고받았지만 계속 연락하기는 쉽진 않았다. 그 무렵 금강산 관광의 길이 터져 나는 금강호를 타고 형이 살고 있는 북한 땅을 밟아 볼 수 있었다. 형이 긴 세월 살았던 북한의 8월 무더위도 덥기는 마찬가지였다.

마치 오랫동안 가지 못했던 외갓집에 다시 찾아온 느낌이었다. 금강산에서 멀지않은 함경도에 형이 살고 있다고 생각하니 한편으로는 친근감이 들었다.

첫날 금강산을 관광하고 다시 숙소에 들어와서 곰곰이 생각에 잠겼다. 형에게 소식을 전하는 방법이 없을까? 생각이 거기에 멈추자 편지 한 장을 썼다. '형님이 살고 있는 금강산에 왔지요. 형을 직접 찾아뵙고 인사드릴 수 없으니 안타깝습니다. 건강하게 계시면 만날 날이 있겠지요.' 간단한 안부 편지를 썼다. 겉봉에는 중국 연변을 통해서 알게 된 함북 함흥시 사포구역 ㅇ통 ㅇ반의 주소를 써서 주머니에 넣고 다음날 관광에 나섰다. 동행한 우리 측 안내원에게 편지를 붙일 수 있느냐고 물었다. 안 된다며 펄쩍 뛰었다. 발송하려다 발견되면 큰일 난다는 것이었다. 금강산에서 관광만 해야지 다른 일 하다가 문제가 되면 귀국에 지장이 있다며 얼마 전에 있었던 민 여사의 이야기를 들려주었다. 그때 민 여사는 말 한마디 실수로 한 달 이상 금강산에 억류되었다가 풀려났다. 그 이야기를 듣고 잠시 주춤해지긴 했었다. 그러나 나의 마음은 조금 달랐다. 이산가족인 내가 직접 문안 편지 한 장 보내고 싶다고 설명한다면 이해해 줄 수 있으리라. 그들도 감성을 가진 인간인데 안부편지 한 장 우체통에 넣어주는 일은 가볍게 여길 수도 있지 않을까. 그곳 환경 관리원에게 직접 대화를 해 보아야 하겠다는 욕심이 생겼다.

우리 일행과 한참을 걷다가 금강산 여자 환경관리원을 만났다. 가벼운 대화가 시작되었다. 몇 마디 이야기를 하다가 우리 일행이 나를 가리키며 이산가족이라 설명하고 친형이 이곳 함경도에 살고 있다고 운을 띄웠다. 나는 용기를 내어 "어젯밤에 편지 한 장 썼는데 우체통에 넣어 줄 수 없나요?" 조심스럽게 물었다. 처음 만난 그 여인은 커다란 눈망울을 굴리며 "이해는 하겠는데 내가 지금 그 편지를 받을 수는 없습내다."라고 말했다. 첫 번째 시도는 실패였다. 아무래도 주변에 여러 사람이 보는 데서 쉽게 받을 수 없다는 눈치로 보였다. 그렇다면 개인적으로 설명하고 부탁한다면 가능할 수도 있겠다고 생각했다. 한참을 걸어 다른 여성 관리원을 만났다. 나는 우리 일행을 먼저 보내고 그 관리원과 일대일의 대화를 시작했다. "연세가 많으신 우리 형님에게 쓴 안부편지이니 이 편지를 우체통에 넣어 주기만 하면 됩니다."라고 간절히 호소했다. "……." 대답은 쉽게 나오진 않지만 내 이야기에 고개를 끄덕이며 미소를 머금었다. 이심전심으로 이해하는 것 같아 가슴이 뛰었다. 얼른 편지를 주면서 "우표는 얼마짜리를 붙여야 됩니까?" 내가 물었다. 그 여성은 편지를 받으면서 "함경도는 2전입니다. 겉봉투는 다시 써야 됩내다."라고 짧게 대답했다. 나는 재빨리 달라 한 장을 꺼내 내밀면서 "우표 값이니 받으세요." 했더니 머뭇거리다가 받지 않았다. "10불은 우표 값에 불과합니다." 재차 전하려 해도 고개를 좌우로 흔들었다. 우송료로 내밀었지만 대가로 생각했는지 한사코 받을 수 없다는 눈치다. 그때 아래쪽에서 다른 일행들이 올라오고 있었다. 그 여성은 내가 준 편지를 재빨리 가운데를 한번 접어 자기 호주머니에 집어넣었다. 가슴에 달린 이름표에는 P라고 이름이 새겨져 있었다. 인정이 많은 여성으로 예뻐 보였다. 이산가족에 대한 그리움을 하소연하니 통했다. 그들도 가정에서 형제의 정을 느끼며 살아가는 인간이기에 받아들인 듯싶었다. 그렇다. 인간은 누구나 어려운 사람을 발견하면 도와주고 싶고, 도와주는 데서 작은 보람을 느낀다. 떨어져 살고 있는 혈육을 찾고 싶은 것은 인간의 본능이 아니겠는가. 금강산에서 고심 끝에 편지 한 장 보내고 난 심정은 산 정상에 땀 흘리고 올라와 냉수 한 사발 마신듯 온몸이 후련했다.

그러나 막상 어렵게 편지를 전하고 시간이 조금 지나니 이제는 두려움에 내 가슴이 뛰기 시작했다. 귀가 따갑도록 들은 주의사항을 스스로 위반하였으니 불속에 뛰어든 불나비 신세가 될까봐 두려웠다. 만약 그 여성이 편지를 감독자에 알리거나 발견된다면 문제가 될까봐 애가 탔다. 편지 전한 사실이 들통 나면 불법행위라며 억류를 할 수도 있을 테니까. 생각하면 할수록 불길한 마음이 들어 초조하고 불안했다. 스피커에서 안내 방송이 나면 꼭 나를 부르는 것 같아 마이크 소리에 긴장했다. 이런 경우를 '도둑이 제 발 저리다.' 하는 걸까. 편지를 전하고 난 뒤부터는 금강산의 멋진 폭포도 산봉우리도 눈에 들어오지 않고, 맛있게 차린 음식도 밥맛이 저만치 도망을 갔다. 누가 금방 나타나 '네 이놈.' 하고 목덜미를 잡아끄는 것만 같았다. 제발 내 이름을 아무도 부르지 말라고 마음속으로 수없이 외쳤다. 내 모습은 아마 고양이 앞에서 떨고 있는 생쥐의 모습이었으리라. 어서 여행을 마치고 우리 배가 무사히 뜨기만을 기다리는 심정을 그 누가 알랴.

휴! 안도의 한숨을 크게 쉬었다. 다행히 나를 찾는 사람이 아무도 없었다. 금강호가 다시 북한의 고성항을 빠져나와 우리 영해에 들어오니 쌓여있던 불안이 순식간에 사라졌다. 동행했던 동료의 웃고 있는 얼굴이 이제야 환해 보였다. 간판 위 올라와 멀어진 북쪽 하늘을 보았다. 그때서야 인간미가 물씬 풍기는 그 여자에게 고마운 마음이 들었다. 금강산에서 내 편지를 받아준 여자의 미소진 얼굴이 수평선에서 아지랑이가 되어 아른아른하였다. 그 편지를 형이 제대로 받아 본다면 형의 얼굴에서도 미소가 크게 번질 것이다.

숨어 버린 이름

인터넷 카페에 들어가 본다. 멋진 글에 취해서 고마운 마음으로 글쓴이를 확인하기 위해 끄트머리를 본다. 글쓴이의 이름은 온데간데없고 예명인지 별명인지 '무지개'라고 나온다. 오랫동안 사용하였던 본인의 이름은 바람과 함께 사라져 버렸다. 그 자리에 어디에선가 들었던 흔한 단어가 이름 대신 버티고 있다.

호랑이는 가죽을 남기고 사람은 이름을 남긴다고 했던가. 그런데 요즘 인터넷상에는 자기 이름은 장롱 속에 숨겨놓고 닉네임만이 얼굴을 내밀고 있다. 동방예의지국이라 예의상 그러는 걸까? 어릴 때부터 입고 있던 웃옷이 인터넷 위에 나타나면 부끄러워 그럴까? 아니면 글 내용이 약해서 지레 겁먹어서 그럴까. 자기 이름을 밝힐 수 있는 좋은 기회를 스스로 놓쳐버린 셈이니 아쉽다.

옛 어른들은 호를 별도로 만들어 이름과 함께 사용하곤 했다. 그런대로 선비의 냄새가 풍겼다. 그런데 요즘은 오솔길, 꽃샘, 샘터, 보석이라는 요란한 별명만 즐비하고 본래의 이름은 깊이 숨어 버렸다. 얼마 전까지만 해도 여성이 결혼하면 자기 이름이 사라지곤 했었다. 요즈음은 아무개 엄마라고 부르지 않고, 본인 이름 석 자를 당당히 불러줘야 기분이 좋아진다고 하지 않는가.

가끔 등산을 한다. 산에 오를 때 얼굴이 햇볕에 탄다고 가면을 쓰고 등산을 하는 모습을 본다. 산모퉁이를 돌아가다 갑자기 복면을 쓴 사람을 만나면 나는 깜짝 놀란다. 꼭 복면을 한 노상강도를 만난듯하여 움찔 놀란다. 햇빛에 얼굴을 보호하려면 차라리 차양이 긴 모자를 쓰면 좋으련만. 기다란 차양 모자는 옆 사람까지도 햇빛이 가려 시원해지는 느낌이 들어서 좋다.

TV에서 〈진실게임〉이라는 프로그램을 보았다. 화려한 버섯일수록 먹지 못하는 독버섯이라고 했던가. 가짜일수록 더욱 의젓하여 시청자를 착각에 빠지게 만든다. 오히려 평범한 내용이 진실이며, 진실이 벗어날수록 수식어가 요란하다. 자기 이름을 감춰버린 내용일수록 신뢰가 가지 않는다.

지금은 자기 PR시대다. 얼마 있으면 선거철이 다가 온다. 선거 때가 되면 전화기로 자기 이름 알리기에 여념이 없다. 평소 인터넷 카페에서부터 자기 이름을 꾸준히 알리는 습관이 된다면 좋을 텐데 말이다. 인터넷에 나와 있는 내 이름 석 자를 보고 잊어버렸던 첫사랑의 연인이 반갑다고 전화라도 할지 누가 알겠는가.

짝꿍

매월 넷째 주 수요일에 등산 간다. 40여 명이 관광버스에 오른다. 나는 등산 짝꿍과 한자리에 앉으면 괜히 기분이 좋다. 잔잔한 내 이야기에 박자를 맞춰주고 세상사를 긍정적으로 바라보며, 허물없는 대화를 나눠도 말이 새어 나가지 않는 짝꿍이라면 더욱 좋다. 산 정상 바위에 앉아 땀을 닦으며 신문지 위에 반찬을 펴놓고 먹는 도시락도 짝꿍과 먹으면 더욱 꿀맛이다.

남녀란 참 미묘한 관계다. 한 가정에서도 시아버지는 며느리를 챙기고 사위는 장모가 더 예뻐하고, 식구 중에서도 대개 모자母子가 친하고, 부녀父女가 더욱 허물없이 지낸다. 그런 모습은 어느 가정이나 보편적인 사실이 아닐까?

나는 가끔 마을회관 탁구장에서 운동을 한다. 역시 탁구도 남녀 짝꿍이 한 조가 되어 경기를 할 때 훨씬 더 재미가 있다. 아마 이런 느낌이 아닐까? 초등학교 때 가지고 놀았던 자석이 남극(S)과 남극은 밀어내지만 북극(N)과 남극은 조금 떨어져 있어도 찰싹 잡아당기는 만고불변의 음양법칙이 운동하는 남녀에게도 적용되는지도 모른다. 남성끼리 탁구를 치면 억센 스매싱으로 단번에 점수를 올려 후련하기도 하지만 좀 싱겁다. 그러나 남녀 한 조가 되면 탁구공이 아기자기하게 오가며 랠리가 길어질 때, 얼굴에 땀방울이 송골송골 맺혀 나도 일류 선수가 된 느낌이 든다.

배드민턴 경기에 환상의 짝꿍은 이효정과 이용대 선수다. 그들은 베이징 올림픽에서 멋진 짝꿍이 되어 금메달을 따냈다. 우리에게 많은 기쁨을 주었던 피겨스케이팅 김연아 선수도 멋진 짝꿍을 만난다면 혼합복식조에서도 금메달을 추가할 것이며 우리에게 주는 기쁨은 배가 될 것이다.

옛날에는 남녀칠세부동석이라고 했다. 그러나 요즘 중고등학생도 남녀 공학을 만들어 놓으면 훨씬 학교생활을 더 잘해나간다. 성적도 선의의 경쟁으로 좋아지고, 이성이 지켜보고 있으니 말하는 태도도 제법 의젓해지고, 머리도 자주 감고, 목욕도 자주 하며 학습 분위기가 부드러워진다고 한다. 요즘 성인들이 참여하는 각종 프로그램도 남녀가 함께 참가해야 훨씬 능률이 향상되는 것 같다.

솜씨가 없지만 나도 글짓기를 해 본다고 여러 해 수필 공부를 했다. 물론 지금도 잘 쓰는 글은 아니다. 그런데 내가 쓴 글을 짝꿍이 보고 가볍게 지적을 해주며, 제법 잘 썼다고 칭찬해 줄 때 글을 쓰는 보람을 느낀다. 작은 지적을 해주고 칭찬을 많이 해줄 때 글짓기 실력이 조금은 향상된 듯싶다. 내 글에 대한 주변의 따뜻한 관심이 있기에, 내가 지금도 손을 놓지 않고 글을 쓰는 것 같다. 앞으로 글쓰기에 조금 더 적극적으로 지적해 주는 도우미가 있으면 나도 명작을 한 편쯤 남길지도 모른다.

가정이 있는 내가 평생 짝꿍인 아내를 등한시해야 한다는 이야기는 결코 아니다. 탈무드에 나와 있는 말처럼, 가정에서는 부인을 여왕처럼 모시고 아내는 남편을 임금처럼 존경해야 한다는 말은 부부의 도리이니 당연하다. 물론 밖에서 하는 일까지 아내가 일일이 나서서 챙겨주면 더할 나위 없이 좋을 수도 있다.

그러나 부부가 집밖의 여가생활까지 항상 짝꿍이 될 수는 없다. 사람마다 각자 관심과 흥미가 다르기 때문이다. 다른 한쪽이 밖에 나가 사회생활을 할 때 우여곡절 끝에 어울려 활동하는 짝꿍을 무조건 색안경을 쓰고 바라보지 않았으면 한다. 내 남편, 내 아내가 밖에서 어차피 해야 할 일이라면, 같은 값이면 다홍치마라고 짝꿍을 만나 일을 즐겁게 잘 마무리할 수 있다고 긍정적인 시각으로 바라보는 자세가 필요한 세상이 아닐까 싶다.

묻지 마 관광

좀 오래된 일이지만 나도 묻지 마 관광을 다녀온 적이 있다. 은행잎이 곱게 물든 10월 어느 날, 아침 10시에 친구와 관광버스를 기다렸다. 버스가 도착하자 극장 앞에 모여 있던 5,6명이 승차하니 20여 명이 이미 버스에 타고 있었다. 버스는 바로 목적지로 향하지 않고 시내 이곳저곳을 돌면서 3,4명씩 손님을 더 태우는 것이었다. 약속된 40여 명이 버스에 타자 인접도인 충청도로 향했다. 모집책이 드디어 말문을 열었다.

"오늘 하루 유쾌, 상쾌, 통쾌한 하루가 되길 바랍니다."

말만 들어 호기심이 크던 '묻지마 관광'을 친구의 권유로 같이 참여하니 처음에는 좀 얼떨떨했었다. 맨 먼저 나는 어떤 여성이 짝이 되며 그 여성은 어떻게 결정할까가 궁금했다.

"공평하게 파트너를 맺어주는 일이 첫 단계죠."

모집책의 손에는 화투가 보였다. 고스톱으로 낯익었던 화투가 그날의 파트너를 결정해 주었다. 화투 48장 중에서 동과 비를 빼고 40장을 반절로 나눠서 남녀에게 무작위로 나눠 주었다. 그래서 1월 솔 광을 뽑은 남자는 1월의 홍단을 가진 여성과 한조가 되었다. 4월 흑싸리 껍질의 남자는 역시 4월 껍질을 가진 여성과 한조가 되었다. 그렇게 맞춰가니 누구 하나 불평을 할 수 없는 공평한 추첨이 되었다. 파트너가 발표될 때마다 박수를 쳤다. 옆에 앉게 되자 어색한 미소가 오가며 서로 인사를 나누었다. 굳이 이름을 알려하거나 묻지도, 대답하지도 않지만 성씨 정도는 그날 대화를 위해 필요하리라. 그래서 묻지 마 관광인가 보다.

나의 파트너는 인근 H읍에서 왔다는 40대의 여성이었다. 그 여성은 그간 바쁘던 과수원 일도 끝나고, 친구 따라 강남에 온 기분으로 왔노라고 했다. 참가비 2만 원을 내고 용기 내어 참여했으니 서로가 유쾌한 하루가 되었으면 좋겠다고 했다. 파트너에 대한 긴장을 풀고 분위를 살리려고 사회자는 달리는 버스에서 듀엣으로 노래 부르기 경쟁을 시켰다. 노래방 점수가 100점 나오면 무조건 세금 1만 원씩을 뜯어갔다. 높은 점수가 나오면 오히려 선물을 주어야 한다고 말해 보았지만 걷고 있는 벌금은 공적자금으로 잘 집행할 것이라며 웃었다. 우리도 노래실력을 인정받아 벌금을 내었다. 그런데 두서너 팀만 제외하고 대부분 100점을 맞으니, 주최측은 수입을 올려 미소를 짓는 시간이었으리라. 노래에 맞춰 박수치고 작은 실수에 웃다 보니 대전의 변두리 식당에 도착했다. 파트너와 나란히 앉아 맛있게 점심을 먹으며 설익은 농담에 까르르 웃고 또 웃었다. 식사 후 지하의 홀에서 사교파티가 벌어졌다. 신나는 반주에 추억의 트위스트도 추고, 어떤 팀은 막춤을 추었다. 다른 팀은 소주와 맥주를 마시며 분위기가 무르익었다. 평소 지르박과 탱고에 소질이 있던 사람은 더욱 유쾌한 시간이었으리라. 버스 속에서 유머가 풍부했던 키가 큰 남자는 오늘 하루의 운이 좋은지 빨강 바지를 입은 파트너를 만나 블루스를 멋있게 추어 최고 커플로 박수를 받았다. 참여자 모두들 어제의 걱정거리는 멀리 태평양에 던져버린 듯 미소가 멈추지 않는 상쾌한 시간이었다.

그렇게 2~3시간이 지나자 사회자가 말했다. 지금부터 2시간 동안 자유 시간으로 주니 각자 시간을 유용하게 활용하고 오후 5시

까지 돌아오라고 쫓아냈다. 끼리끼리 데이트 시간이다. 소위 묻지 마 관광의 하이라이트라고 누군가 수근거렸다. 나는 동행했던 친구 팀과 한조가 되어 시장 속으로 들어갔다. 2시간이면 능력 있는 사람은 극장에서 영화 한 편을 보며 팝콘을 먹으며 손목을 잡아볼 수도 있고, 찜질방에서 땀을 흘리고 웃으며 나올 수도 있겠지. 나와 친구 팀은 시장에서 과일과 건어물을 구경하면서 시간을 보냈다. 여성은 자기 파트너가 선물이나 한 아름 안겨줬으면 하는 기대를 가졌을지도 모른다. 우리 일행 4명은 구석진 다방에서 커피 한 잔을 마시며 약속시간을 채웠다. 처음 만난 파트너와 점심 한 끼를 먹으며, 귀에 익은 음악에 맞춰 제멋에 취해 막춤을 추었으며, 세상 살아가는 이야기에 까르르 웃어버린 일이 묻지 마 관광의 전부였다. 옷깃만 스쳐도 인연이라 했는데 파트너와 하루를 보냈으니 대단한 인연이 된 셈이다. 웃음은 만병 치료제라고 했던가. 오늘 하루 많이 웃고, 많이 움직여 만보를 채웠으니 충분히 본전은 뽑은 듯싶다.

대학생이 미팅을 했다면 대부분 사람들은 당연하게 여긴다. 성인들의 묻지 마 관광도 이름만 요란하지 대학생의 미팅과 별로 다르지 않은 듯했다. 대학생이 미팅을 나갈 때 옷단장을 하듯, 성인도 관광을 간다면 몸단장에 조금 신경을 쓰며 자기를 한 번 더 뒤돌아보는 계기가 되는 듯싶다. 냇가에서 흐르는 물은 젖소가 먹으면 신선한 우유가 된다. 그러나 같은 물이라도 독사가 먹으면 독이 된다. 또 칼은 부엌에서 사용하면 맛있는 반찬을 만들고 과일을 깎는 훌륭한 생활 도구다. 그런데 칼을 잘못 쓰면 무서운 흉기가 된다. 우리가 살아가면서 일어나는 일은 생각하기 나름이고 행동하기에 달려있다. 무릇 인간의 사고思考와 행동은 어떻게 움직이느냐에 따라 달라진다는 평범한 진리를 떠오르게 하는 게 묻지 마 관광이 아닐까?

세종대왕 후궁

익산 미륵산 기슭에 세종대왕 후궁의 묘가 있다. 국보11호인 미륵사지 석탑 앞에서 함열 방향으로 아스팔트의 길을 따라 1.3㎞쯤 가면 오른쪽에 별장가든 입구가 나온다. 그곳에서 200m 정도만 올라가면 산 중턱에 자리 잡고 있다. 묘소에는 언제든지 명을 받들겠다는 자세로 문인석이 좌우에서 왕비를 지키고 있다.

묘비의 기록에 의하면 영빈令嬪 왕비는 진주 강씨로 세종대왕의 후궁이다. 영빈이 낳은 화의군和義君 이영李瓔은 세조 난이 일어나던 1455년, 단종이 왕위에서 물러난 뒤 성삼문 등 사육신의 거사에 은연중 동조했다는 간신배의 모함으로 호남지방에 유배를 오게 되었다. 그로 인해 영빈 왕비도 화의군과 함께 시골 살림을 하게 되었다. 왕비와 화의군은 1460년에 이 지방에서 여생을 마쳤고, 최근 후손은 우여곡절 끝에 미륵산 기슭에 묘를 정비하였다. 익산 미륵산에 있는 영빈 왕비에 대한 더 자세한 내역은 실록을 뒤져봐도 더 찾을 길 없다. 다만 억울하게 죽은 영빈 왕비의 외아들인 화의군은 1534 (중종29년)에 복원되었다. 그 후 1735년 영조대왕은 화의군은 단종을 위한 우국충절의 일원으로 사육신과 다를 바 없다며 화의군으로 시호를 내렸다. 익산 미륵산에 왕비의 묘소가 있다는 점은 나에게 세종대왕 왕비와 조선시대 다른 왕비에 대한 관심을 높여주었다.

자녀를 총 22명을 둔 세종대왕은 소현왕후 심씨에게서 10남매를 낳았고 5명의 후궁에게서 12명의 자녀를 낳았다. 당시 후궁은 권문세족이나 지방 토호 세력과의 연대를 위해 간택하였으나 세 번째 후궁부터는 출신여부를 따지지 않았다. 이는 국왕의 선택권을 넓혀 주는 한편 궁녀들에게 최소한의 희망을 주려는 의도가 있었던 것 같다. 세종의 후궁 중에 대궐에서 식품, 의복을 담당하던 신빈 김씨처럼 여종 출신도 있었다. 세종대왕은 많은 부인과 자식을 두었으나 찬란한 업적을 낸 배경에는 왕후인 심씨의 내조가 컸음을 세종이 잘 알고 있었다.

세종의 왕릉은 경기도 여주군 칭성산에 있다. 왕후인 소현과 합장릉으로 되어있다. 청송 심씨 소현은 후궁들에게 질투하지 않았다. 소현은 영빈 후궁과 그의 소생들을 박해하지 않고 한 식구처럼 대해주니 비교적 풍파가 없었다. 그렇다고 후궁들의 동향에 무감각한 여인은 아니었다. 궁중 곳곳에 자기사람을 심어 놓고 후궁들의 동태를 살폈으며, 많은 아이들의 일거수일투족을 모두 파악하고 권력도전을 사전에 예방했다고 한다. 심씨는 궁궐의 안주인으로 일을 완벽하게 수행함으로써 세종대왕이 선정을 펼칠 수 있도록 결정적 역할을 했던 것이다.

세종은 휘빈 김씨를 아들 향(훗날 문종)의 며느리로 간택한다. 휘빈은 부부관계가 원만하지 못하자 비방을 썼다. 남편이 찾아다니는 여자의 신발 뒷굽을 몰래 잘라다 불에 태워 술에 타 마시게 하고, 봄에 교접하는 뱀을 잡아 가루로 만들어 먹게 하는 등 민간 요법을 사용했다. 또 미채라는 풀을 먹고 자란 나비를 말려서 차고 다니기도 하고, 붉은박쥐 가루를 써보기도 하는 등 온갖 비방을 쓰다가 왕후인 소현에게 발각되어 쫓겨나기도 했었다.

세종대왕의 아버지는 이방원이다. 방원은 이성계의 다섯 번째

아들로 2차에 걸쳐 왕자의 난을 일으키며 왕이 되는 동안 부인 민 씨가 많은 공을 세웠다. 위기에 처한 남편(방원)을 부인이 배가 아프다고 핑계를 만들어 적지에서 탈출시키기도 했다. 당시 막강한 권력을 쥐고 있는 정도전을 물리치는 데 민 씨의 형제들은 결정적인 역할을 한다. 왕비가 된 뒤 외척이 공을 내세워 정치에 관여하려 하자 태종(방원)은 장인 집안의 형제를 처단해버리고 만다. 차라리 왕족이 아니었으면 여생을 편히 살 수 있었는데 권력에 도전하는 세력에게 인정사정 볼 것 없이 내려쳤다. 왕의 총애를 받는 왕비였지만 싸움에 휘말리면 가문이 쑥밭이 되는 영욕의 자리가 바로 왕비의 집안이었다. 오늘날 세태도 마찬가지가 아닌가. 상대를 넘어뜨리기 위해서 배은망덕하고 때로는 목적을 위해서는 권모술수가 춤추고 있어 안타깝다.

또 다른 왕비였던 연산군의 어머니 윤 씨는 투기가 심했다. 연적

들을 제거하고 성종의 총애를 되찾기 위해 왕이 자주 찾는 후궁의 처소 길목에 죽은 사람의 뼈를 묻어두면 그 길을 밟고 다니는 후궁들이 죽는다는 송장 방사를 썼다. 또 원자를 죽이려 한다는 투서를 만들지만 결국 들통이 나서 폐위되고 만다. 나중에 연산군이 즉위하자 피비린내 나는 복수전이 일어난다. 그래서 왕비를 둘러싼 역사는 물리고 빼앗기는 일이 반복되었다.

우리 역사상 대표적 왕비의 대결은 숙종의 비였던 '희빈 장씨'와 '인현왕후 민씨'다. 희빈 장씨는 평민 출신으로 왕비의 자리를 빼앗고 계속 지키기 위해 온갖 음모와 술수를 부리며 극성을 떤 요부로 결국 사약을 받고 죽을 수밖에 없었다. 그러나 인현왕후 민씨는 인내와 후덕을 갖춘 여인으로 그린다. 오늘날에 장희빈을 악녀로, 인현왕후 민씨를 현숙한 여인으로 묘사하고 있다. 그러나 당시 상황을 염두에 둔다면 단정적으로 평가하기는 어렵다. 궁녀 출신으로 국모가 된 장희빈은 스스로 적극적인 처세를 폈기에 민씨와 경쟁했던 것이 아닐까. 당파싸움으로 얼룩진 소용돌이 속에서 신분이 서로 달랐기에 장씨는 숙종의 관심을 얻기 위해 사력을 다했고, 민씨는 그럴 필요를 느끼지 않았던 것이다. 장씨는 엄격한 신분제 사회에서 사랑을 이용해 자신의 신분을 뛰어넘으려다 좌절하고 만 불운한 조선의 한 여인이었다.

요즘 여성의 목소리가 어느 때보다 커지고 있다. 목포가 세워지면 앉아 기다리지 않고 서서 찾아가는 적극적인 사람이 더 환영받고 더 필요한 시대가 아닐까.

국화의 꿈

기지개를 켜고 싶다. 마음이 답답하다. 밖으로 뛰어나가 햇빛을 받으며 스치는 바람에 향기를 내뿜고 싶다. 나를 어루만지는 예쁜 소녀의 손목에 키스를 하고 싶다. 그러나 이곳에서는 숨을 제대로 못 쉬니 체온이 올라 꽃잎에 작은 벌레가 생기면 우리는 내버려지게 된다. 나는 콘크리트 건물 속에 갇혀있는 화분 속 국화다.

꽃모종으로 옮겨진 유년시절에는 비닐하우스 속에서 나를 정성껏 돌보는 주인 덕에 햇빛과 바람을 마음껏 먹으며 자랐다. 가을 국화 전시회에 출전을 위해 때로는 물을 먹지 않고 며칠을 참기도 했다. 잎사귀가 거의 말라 흐느적거리며 부드럽게 되면 줄기가 N자로 구부림을 당하는 아픔을 겪으면서도 꽃봉오리 키를 똑같이 맞추었다. 무더운 여름을 그렇게 지냈다. 뿌리 하나에 수백 송이가

엮인 모양이 신기하다고 귀여움도 받으며 향기를 발산했다. 전시회에 나가 입국立菊과 내 친구 현애작, 다륜대작, 분재작은 귀여움을 독차지했고, 나를 대신하여 주인어른이 상장도 받은 것을 옆에서 바라보며 우리 국화 친구 모두가 마음의 박수를 힘차게 보냈다.

내 친구 현애작은 1천 송이에 가까운 꽃송이가 2m 가량 퍼져 있어 공작새 두 마리가 날개를 펴고 있는 모양이 되어 보는 이들의 감탄을 자아냈다. 그 뒤 나 입국은 다른 국화와 같이 트럭에 실려 갔다. 나는 어디로 시집가는 걸까? 낯선 도로의 매연을 흠뻑 마시며 빌딩 숲을 지나 어느 시멘트 건물 속의 현관에 자리를 잡았다. 시집온 첫날은 기분이 괜찮았다. 신방의 주변 청소도 해주고, 물도 주고 제법 정성을 다해주었다. 며칠이 지나자 공기는 메말라 탁했고 바람 한 점 없었다. 해님을 바라볼 수도 없다. 해님을 보아야

벌 나비를 유혹하여 꿀도 나누어주고 그 덕에 씨앗도 만들어 내년을 바라볼 텐데.

그곳 빌딩은 양복차림의 사람들이 국화의 주변을 바삐 오갔다. 무엇이 그렇게 바쁜지 한 손에 서류를 들고 오가며 예쁜 나를 거들떠보지도 않는다. 꽃을 보면서 단 몇 초라도 시선을 맞추며 "귀엽다!"라는 한마디쯤은 할 수 있는 여유는 어디로 달아난 것일까? 이따금 꼬마 손님 한두 사람이 먼발치에서 우리를 바라보기는 한다. 방호원 아저씨는 우리를 고운 눈으로 보지 않는다. 우리에게 물도 이삼 일에 한 번씩 주어야 하는데도 그렇게 하지 않는다. 자기들은 하루 세끼 식사를 잘도 찾아 먹으면서 우리에게는 물을 제대로 주지 않는다. 배가 고파 잎사귀를 꼬며 몸부림치면 그때서야 고무호스로 물을 준다. 우리는 먼저 세수하고 싶어도 소용없다. 차분히 씻어주는 것도 아니다. 클로르칼키와 불소 소독 냄새가 남아있는 수돗물을 긴 고무호스의 센 압력으로 뿜어댄다. 얼굴에 부으니 코가 막혀 숨을 제대로 쉴 수도 없다. 화분의 흙이 튕겨나가 뿌리의 겉모습이 벌거숭이가 되어 찬바람이 아랫도리를 스친다. 어느 끽연가는 우리 국화 화분을 재떨이로 알고 꽁초를 재빨리 비벼 끄기도 한다. 그때 우리 발등이 얼마나 뜨거운지. 그렇게 콘크리트 건물 속에서 시달리면서도 우리는 작은 향기로 마지막 봉사를 계속한다. 겨울을 재촉하는 찬공기에 서서히 야위고 시들어 간다.

우리는 외치고 싶다. 내 고향인 텃밭으로 가는 것이 우리의 꿈이요 소망이라고. 그곳에서 이른 아침에 영롱한 이슬로 세수도 하고 낮에는 해님의 정기를 받아 탐스러운 씨앗도 맺고 싶다고. 그래서 우리 후손인 씨앗을 바람에 날리고 싶다고.

국화도 텃밭에서 사는 것이 가장 자연스러운 일일 것이다. 그런데도 사람들이 꽃을 가깝게 보려는 욕망 때문에 좁은 화분에 옮겨져 이리저리 끌고 다녀 욕심만 채운다. 국화가 화분 속에 갇혀있듯이 사람도 개개인이 틀에 박힌 제도나 울타리에 갇혀 살기도 한다.

사람의 재능이 다 제각각인데 매일 반복되는 일만 하고 있어 자기 능력 발휘를 제대로 못하는 경우가 많다. 그래서 가끔 자기가 하고 싶은 일을 찾아 방황하면서 자기 길을 찾아 헤매는 것이 아닐까. 사람들은 답답하다고 하던 일을 덮고 어릴 적 뛰어 놀던 고향으로 달려가기도 하는 모양이다. 사람도 국화도 소질과 개성을 살려서 자기능력을 발휘할 수 있는 자연스러운 환경에서 살고 싶고, 노년에는 고향의 품으로 돌아가고 싶은 욕망이 생기는 것인지도 모른다.

쭈쭈바와 청설모

청설모가 소나무 위에서 쭈쭈바를 맛있게 먹고 있었다. 점심 식사를 하러 가는데 날렵한 청설모 한 마리가 도로 옆 가로수에 올라가 쭈쭈바를 맛있게 먹고 있었다. 가깝게 다가가 나무 위를 쳐다봐도 별로 놀라는 기색이 없었다. "빵과 과자로 점심식사를 했으니 후식은 쭈쭈바가 제격인 걸 뭘 봐! 너희들은 후식도 안 먹니?"라고 묻는 듯했다.

우리는 개발이라는 미명 아래 도시 주변의 자연을 훼손하고 있다. 산기슭에도 고층아파트가 2년 정도 지나면 뚝딱 세워져 버린다. 골프장을 만든다고 산림을 마구 파헤쳐 산속의 사막을 만들고 있다. 생태계를 파괴하니 산짐승들도 보금자리에서 쫓겨나게 되었다. 또 경관이 빼어난 산에는 케이블카를 설치한다고 법석이다. 등산객에게 편의를 제공한다지만 사실은 돈벌이 때문이 아닌가.

울창한 숲 속에 들어가 간벌을 하거나, 벌초를 한다고 산불을 내는 일도 잦다. 더군다나 산짐승의 먹이인 밤, 감, 도토리, 다래, 머루 등도 인간이 보양식품이라며 모두 갈취해간다. 산짐승들의 먹이를 빼앗아버린 셈이다. 전에는 산골 총각이 까치밥으로 감 몇 개를 남겨 놓기도 했었는데….

산짐승은 눈 내리는 겨울에 먹을 양식은 고사하고 지금 당장 끼니를 때우기조차 힘들어 한다. 삼 일 굶으면 남의 담장을 넘을 수밖에 없다는 속담이 있듯 청솔모도 먹고살기 위하여 하산한 모양이다. 학교 쓰레기장 주변을 맴돌며 빵이나 과자 부스러기를 찾아 먹고, 이제는 간식으로 달짝지근한 쭈쭈바까지 먹게 된 것 같다. 이제는 야생동물들도 먹이 때문에 사람 곁에 가까이 다가와 살다 보니 사람이 두렵지 않은 듯싶다. 저만치 떨어진 나무 위에서 쭈쭈바를 먹으면서도 사람을 노려보고 있는 것이 아닌가. 머지않아 우리 안방의 밥상까지 찾아와 같이 식사하자고 우기는 날이 다가올지도 모르겠다.

얼마 전 산간 마을에 멧돼지가 출현하였다는 보도를 본 적이 있다. 몇 마리가 떼 지어 민가의 감자, 고구마 밭에서 달밤에 잔치를 벌이고 주변을 엉망으로 만들어 놓았다는 것이다. 그들은 배가 터질 정도의 포식을 하고 되돌아갔다. 아마 그들이 되돌아갈 때는 겨울을 나기 위하여 고구마와 감자를 두어 가마쯤 등에 메고 갔을

지도 모르겠다. 땀 흘려 농사를 지은 밭주인은 얼마나 속이 상했을까?

청설모가 인간의 밥상에 달려와 같이 식사하자고 하면 귀엽기는 하리라. 그러나 멧돼지가 진흙발로 들어와 같이 식사하자고 하면 생각만 해도 끔찍하다. 그런 일이 일어나기 전에 우리는 그들이 먹고 살 최소한의 식량은 양보해야 할 텐데….

먹을거리가 없으면 동물들도 보복방안을 찾을지도 모른다. 산짐승 대표가 구름과 바람에게 찾아가 인간에게 큰 재앙을 내려달라고 촛불시위라도 한다면 큰일이다. 똘똘 뭉쳐 시위하고도 목적이 이뤄지지 않으면 연서 명으로 하느님에게 진정서를 보낼지 누가 알겠는가. 요즈음 날씨를 보니 이미 진정서를 낸 모양이다. 그래서 가끔 태풍이 찾아와 우리를 괴롭히는 건 아닐까. 더구나 앞으로 태풍이 여러 개가 올 것이라니 더욱 걱정이 앞선다.

이제라도 푸짐한 잔칫상을 산 중턱 여러 곳에 차려 놓아야 하겠다. 야생동물이 배고파 내려오다 잔칫상을 발견하면 포식하고 되돌아갈 테니까. 그래야 태풍이 와도 그냥 스쳐 지나갈 것이고 바람만 시원하게 불 테니까.

청설모(靑鼠毛) : 다람쥐과에 속하는 동물로 크기가 40cm 정도이다. 여름에는 몸통이 황갈색을 띠고 꼬리는 암갈색을 띤다. 겨울에는 등이 회갈색 꼬리가 백색을 띤다. 나무를 잘 타고 산에서 도토리, 머루를 주로 먹고산다.

청바지

자그마한 키의 40대 여성이 늘 청바지를 입고 다닌다. 오늘도 그는 가방을 길게 메고 혼자서 도서관으로 걸어가고 있다. 빛바랜 하얀색이 짙게 퍼져있는 청바지는 아마 그 여성이 학생시절부터 즐겨 입고 다니는 일상복이어서 습관적으로 입고 다니리라.

한동안 청바지 입는 것이 유행하였던 시절이 있었다. 그 당시 청바지 하나면 사계절을 입을 수 있고, 그 청바지에 상의는 어떠한 옷이든 잘 어울렸다. 또 산에 갈 때 등산복으로도 제격이다. 흙이 묻어도 훌훌 털면 그만이었으니까. 저녁 늦게 귀가하여 옷 벗기조차 귀찮고 졸리면 그냥 입고 잠을 잘 수도 있다. 다음날 일어나 다리미질을 꼭 하여야 할 필요도 없다. 아니 주름이 제멋대로 구겨진 청바지가 더 매력적으로 보이기도 했다.

요즈음 젊은이가 청바지를 입고 거리를 걷는 모습이 눈에 자주 띈다. 청바지 가랑이를 찢어서 무릎과 허벅지 살이 보이는 청바지까지 입고 다닌다. 이런 경우 본인은 매력으로 여길지 모르지만 정반대로 보일 수도 있겠구나 하고 한번쯤 생각해 봐야 할 일이다. 또 청바지 위로 상의 속내의를 길게 내놓고 다니는 것도 좋은 모습이 아니다. 왠지 그 사람의 속을 여러 사람에게 일부러 내보이는 것 같아 꺼림칙하게도 보인다. 화장실 갔다가 바지 지퍼를 올릴 시간 없이 허둥대는 게으름뱅이로 보일 수도 있다.

지금부터 20여 년 전, 햇볕이 따갑게 내리쪼이는 토요일 오후, 친구와 어울려 전주 변두리에 있는 송광사를 찾았다. 송광사 입구 주변에서 미술부 학생으로 보이는 몇몇이 그림을 그리고 있었다.

산모퉁이 작은 다랑이논에는 벼이삭이 황금빛으로 물들어 고개를 숙인 채 가을바람에 출렁이고 있었다. 길 옆 벚나무는 작은 그늘을 만들고 있지만 아직도 햇빛이 나무 잎에 반사되어 따가웠다.

길 건너 모퉁이에서는 학생복 차림의 미술부 학생들이 이젤에 열심히 그림을 그리고 있었다. 그런데 그중에서 키가 자그마한 한 학생은 반팔 상의에 청바지를 입고 있었다. 한 손에 물감을 들고 한 손으로는 연신 색칠을 하면서 시선은 먼 곳을 응시하고 있었다. 주변의 관광객에게는 전혀 무관심한 채 그림에만 열중하고 있는 여학생, 그 학생의 청바지가 너무나 주변 환경과 잘 어울렸다.

높은 가을하늘 아래 멋진 풍경화를 그리며 서 있는 짙은 색 청바지 차림의 예쁘장한 여학생 모습은 선녀처럼 보였다. 그 학생의 손끝에서 그려지는 풍경화는 색채가 살아 움직이고 있었다. 멀리 보이는 송광사는 작은 화폭에 빨려 들어가고 있었다. 청바지를 입고 그림을 그리는 여학생을 한동안 넋 나간 듯 바라보았다. 같이 간 친구의 부름에 깜짝 놀라 뒷걸음을 치면서도 그림 그리는 학생을 황홀하게 바라본 일이 있었다. 송광사 경내에는 관광객이 대만원이었다. 단풍이 사람을 구경하는지, 사람이 단풍을 구경하는지 구분이 되지 않을 정도였다.

나는 일행과 송광사 경내를 대충 살펴보았다. 어서 빨리 되돌아가서 그 청바지 학생의 그림이 어디까지 완성되었는지 확인하고 싶어 일행보다 먼저 그 자리에 되돌아왔다.

그러나 그 청바지를 입은 학생의 모습을 그 자리에서 다시 볼 수가 없었다. 송광사 관광객이 너무 많이 밀려와 그림 그리는 장소를 다른 곳으로 급히 옮겨 버린 것일까? 아니면 버스 시간이 되어서 귀가해 버린 것일까?

그 청바지 소녀의 모습은 다시 볼 수가 없어 아쉬웠다. 주변에는 그리다 버린 도화지 몇 장만이 바람에 뒹굴고 있었고, 하늘에는 흰 구름만 두둥실 떠다녔다. 나는 햇볕이 따스한 가을날이면 그 청바지를 입고 열심히 그림을 그리던 여학생이 다시 보고 싶어진다.

만경강 – 보라

얼굴

만경강 언덕에 누워,
파란 하늘을 본다.

깊은 호수에
그리운 얼굴 하나,

추억이 돛단배 타고
웃으며 손짓하네.

구룡폭포 가는 길

폭포
미인송나무 계곡 거느린 구룡폭포
곧게 뻗은 허벅지 안개로 목욕하고
물소리 바람에 날려 수줍어 웃고 있네.

사람들
구룡폭포 배경으로 요리조리 사진 찍어
재빨리 재생시켜 찍힌 모습 되돌려도
아홉 마리 용은 꼭꼭 숨어 머리카락만 보이네.

지금도
상팔담 흐르는 물은 옥류담을 잠 깨워
흔들다리 지나서 금강문 바라보면
도마뱀 바위 흔들며 연주하고 지나가네.

멋 훗날
티끌을 던져놓고 빈 몸으로 다시 오면
연지 단장 구룡폭포 안개비 거둬내고
다함께 춤을 추자고 무대 위에 달려오지

편지

안녕 인사말보다,
보고 싶다,
먼저 쓸 거야

그리고
그립다고,
두 번째 쓸 거야

봄이 오는 소리

관악산 까치는
메시지를 보낸다.
봄이 저만치 오고 있다고

골짜기 응달 고드름은
시나브로
고로쇠 수액으로 녹아내린다

양지 바른 언덕
만삭인
개나리가
봄바람의 희롱으로
뚱그적거린다.

2005년 2월 23일 경기도 과천연수원에서 교육을 받았다. 점심시간에 관악산 주변을 산책하는데 산까치가 봄이 왔다고 나에게 대화를 제의했다. 바람결은 아직도 차가웠다. 그러나 고드름은 음지에서 조금씩 녹아내리고 먼 곳에는 고로쇠를 채취하는 인부의 모습이 아른거렸다. 봄 꽃소식을 제일 먼저 알려오는 개나리는 꽃을 피울 준비를 서두르고 있었다.

사랑앓이

옷자락 삐져나온
실오라기 하나 가지고
해석을 멋대로 하여
혼자서 사랑앓이를 하고 있다.

세상은
바다보다 깊고 태산보다 더 높은데도
하찮은 일을 키워가지고
혼자서 계곡을 헤매고 있다.
혼자서 사랑앓이를 하고 있다.

얼마를 더 살아야 인생의 오미자 맛을 알까?

아니다.
그를 너무 좋아하였기 때문이라고 변명을 해본다.

그가 올 넓게 사는 모습을 진정 원한다면
사랑앓이로 혼자 끙끙 댈 것이 아니다.
푸른 하늘에 훨훨 날아가는 파랑새로 그를 날려보자.

날아가는 파랑새가 높고 멀리 날아가
나뭇가지에 자유의 집을 짓는다면
그때서야 바람과 구름의 고마움을 알겠지

아마 그때쯤 사랑앓이 가슴은
까맣게 타서 재가 되겠지만.

살맛나는 세상

손자가 오는 날
우리 집 현관은 난장판이다.

팔 부러진 장난감 로버트와 공룡이 싸운다.
넘어진 쓰레기통을 보며
강아지가 짖어댄다

사람 사는 냄새가 난다.

자장면 불러준 할머니 옆에 두고
직장일로 바쁜 엄마 아빠만 찾고 있다

어르고 달래며 막혔던 대화의 물꼬가 트인다.

생기가 돈다.

그래서 살맛이 난다

손자가 오길 잘했다

지쳐 잠을 잔다.
천사가 잠꼬대를 한다.
턱밑까지 덮어 준 이불이 가늘게 떤다.
막 도착한 아빠가 검지를 펴 입을 가린다.

쉿 조용히 해!

단잠에서 깨어난 손자를 데리고 간 뒤
다시 찾아온 적막

널브러진 신문지, 흩어진 신발
할머니는 꾸부정 허리 굽혀 장난감 바구니를 챙긴다.
그래도 얼굴에 잔잔한 미소가 번진다.

손자가 가버린 식탁 아래엔
노란 단무지 한 조각 떨어져 뒹군다.

소낙비

후드득 후드득
빗물 소리에
그리움이 달려오네.

자동차가 물보라를 그리며
추억을 실어 나르네.

첫눈

여인이 온다.
하얀 손수건을 흔들며 온다.
하늘에서 춤을 추며 내려온다.
하얀 분가루 뿌리며 자꾸자꾸 내려온다.
발가벗은 벚나무에 앉아 추억을 부른다.

지난날 약속했던 기억이 다가온다.
파란 꿈은
어디에서 녹아버렸는지
기억 저편에서 아지랑이가 되어 흔들린다.

시장터 아줌마는
물레방아 추억을 쏘시개로 바꾸고
희미한 기억을 장작으로 만들어
모닥불을 지핀다.
생을 태운다.

손을 녹이며
단골손님을 기다린다.

자동차 라이트

초저녁 도로
자동차 라이트가
커다란 불덩이가 되어 달린다.

쌩쌩 달리는 놈,
깜박이를 넣고 비껴 달라고 조르는 놈.
클랙슨을 울리며 겁주는 놈.
2차선에서 묵묵히 앞차를 따라가는 놈.
꽁무니는 빨강 빛을 내비치며
제 갈 길을 한 덩어리 되어 달리고 있다.

하나의 불덩이로 되어
동행할 때는 친구가 되었는데
추월한 자동차는 멀어진 이방인이 되고
빈자리에 다른 차가 채워져 달린다.

앞선 자동차가
어둠 속에서 점점 멀어지고 있다.
경적 소리가 긴 여운을 남긴다.
멀리 떠나간 친구가
내 마음속에서 헤매고 있다.

영취산 동그라미

영취산 진달래는
커다란
동그라미를 그리며
마음속 먼지를 씻어주고 있네.

진달래꽃은
너와 나 사이를
동그라미를 크게 그리며
살라고 하네.

여수 항구에는
동그라미 기름통이 하얀 옷을 걸치고
엄마 아빠 되어 마을로 살고 있네.

꽃향기를 바람에 휭 하고 날리며
미운 마음
고운 마음 동그라미에 넣어
사는 동안
그렇게 지내라고 손짓을 하네.

쌈질 국회의원

개 새끼는
강아지

말 새끼는
망아지

소 새끼는
송아지

6십줄

벌써 알사탕 6십줄
염치없이 먹어 버렸네.

열 줄까지는 부모 곁에서 엉겁결에 먹었지
이십 줄은 책벌레와 나누어 사정없이 먹었지
삼십 줄은 사랑과 야망에 불태워 먹었지
사십 줄을 먹는 날 직장동료와 경쟁 속에서 먹었지
오십 줄을 먹을 때는 자식 취업 걱정에 마누라 눈치 보며 먹었고

칠십 줄은 장롱 속에 감췄다가 몰래 먹을 거야
팔십 줄은 산에 오라는 친구에게 아직 먹을 양식 남았으니 기다리라고 말할 거야
구십 줄 사탕은 100개 채우려면 아직 10개가 모자란다고 호통칠 거야

이 넋이 나간 알사탕 세월아!

장병선 세 번째 수필집

짱~ 병선의 빨주노초

인 쇄 2013년 9월 16일
발 행 2013년 9월 23일

지은이 장 병 선
발행인 서 정 환
발행처 신아출판사

출판등록 1984년 8월 17일 28호
주 소 전주시 완산구 공북1길 16(태평동)
전 화 (063) 275-4000, 252-5633
팩 스 (063) 274-3131
메 일 sina321@hanmail.net

값 15,000원

ISBN 979-11-5605-000-1 03810

※ 이 책의 발간비 일부는 2013년 전라북도 문예진흥기금의 지원을 받았습니다.

「이 도서의 국립중앙도서관 출판시도서목록(CIP)은 서지정보유통지원 시스템 홈페이지(http://seoji.nl.go.kr)와 국가자료공동목록시스템(http://www.nl.go.kr/kolisnet)에서 이용하실 수 있습니다.(CIP제어번호: CIP2013018283)」